ミネルヴァ日本評伝選

殺生放逸　朝家の守護

源満仲・頼光

元木泰雄著

ミネルヴァ書房

刊行の趣意

「学問は歴史に極まり候ことに候」とは、先哲荻生徂徠のことばである。

歴史のなかにこそ人間の智恵は宿されている。人間の愚かさもそこにはあらわだ。この歴史を探り、歴史に学んでこそ、人間はようやくみずからの正体を知り、いくらかは賢くなることができる。新しい勇気を得て未来に向かうことができる。徂徠はそう言いたかったのだろう。

「ミネルヴァ日本評伝選」は、私たちの直接の先人について、この人間知を学びなおそうという試みである。日本列島の過去に生きた人々の言行を、深く、くわしく探って、そこに現代への批判を聴きとろうとする試みである。日本人ばかりではない。列島の歴史にかかわった多くの異国の人々の声にも耳を傾けよう。

先人たちの書き残した文章をそのひだにまで立ち入って読み、彼らの旅した跡をたどりなおし、彼らのなしとげた事業を広い文脈のなかで注意深く観察しなおす——そのとき、はじめて先人たちはいまの私たちのかたわらによみがえってくる。彼らのなまの声で歴史の智恵を、また人間であることのよろこびと苦しみを、私たちに伝えてくれもするだろう。

この「評伝選」のつらなりのなかから、列島の歴史はおのずからその複雑さと奥ゆきの深さをもって浮かび上がってくるはずだ。これを読むとき、私たちのなかに新たな自信と勇気が湧いてきて、その矜持と勇気をもって「グローバリゼーション」の世紀に立ち向かってゆくことができる——そのような「ミネルヴァ日本評伝選」にしたいと、私たちは願っている。

平成十五年（二〇〇三）九月

上横手雅敬
芳賀　徹

源　満仲（多田神社蔵）

『酒伝童子絵巻』（サントリー美術館蔵）

多田神社全景（兵庫県川西市）

はじめに

あたりはかなり都市化してきたとはいえ、朱色の橋で猪名川のせせらぎを越えた神域は、小鳥の囀《さえず》りも聞こえる静けさを保ち、いにしえを偲ばせる荘厳な趣を依然として有している。近世に再建された重厚な社殿は、祭られた人物に対する尊崇の深さを物語る。しかし、千年余り前、この地には武装した人々が居住し、周辺では狩猟・漁労に明け暮れ、時として主君に逆らった者が処刑される凄惨な光景も展開していた。

摂津国川辺郡多田。

かつて、十世紀の後半、源満仲《みつなか》はこの地に所領を形成し、公権力の介入をも拒む、治外法権とも言うべき所領支配を樹立していた。現在の多田は兵庫県川西市に属し、能勢電鉄・阪急電鉄を経由して大阪の通勤圏となっているが、満仲やその配下たちは、北方の山を越えて丹波に抜け、京に向かっていたはずである。道は険しいが、騎兵たちにとっては半日も掛からない距離ではなかったか。

満仲は、今や多田神社の祭神として信仰を集め、騎乗した堂々たる甲冑姿の像がＪＲ川西池田駅前を睥睨《へいげい》している。しかし、史料に登場する満仲には、華々しい活躍は見られない。彼の最大の事績は、安和《あんな》二年（九六九）、藤原北家が左大臣源高明を失脚させた安和の変に際して密告者の役割を果たし、摂関政治の確立に一役買うとともに、そのもとで子孫たちが活躍する基礎を築いたことと言える。

彼は、一般に清和源氏と称される一族に属し、賜姓皇族二代目に当たる。とはいえ、大臣・公卿として廟堂に活躍した各源氏と異なり、主として京で、武力、言い換えれば暴力を行使して、摂関政治確立に至る陰の部分に奉仕した存在だったのである。その彼が拓いた所領こそ、摂津国川辺郡多田の地に他ならない。

満仲の嫡男で、多田を継承したと見られるのが、頼光であった。彼は治安《じあん》元年（一〇二一）に没するが、当時はまさに道長の権力の絶頂期、老年の頼光はもっぱら道長に対する経済奉仕に専念することになる。密告者という陰惨な一面を有した父と異なり、彼は貴族社会に違和感なく溶け込み、おもに受領として豪富を蓄え、道長に対する追従・奉仕を繰り返す。道長の異母兄大納言道綱をもその女婿としたことは、頼光の立場を象徴すると言えよう。さらに、多くの説話の主人公となり、ついには御伽草子の酒呑童子《しゅてんどうじ》討伐の主人公となるのである。

むろん、頼光の弟頼親や頼信には、父と同様、政界の裏面で暗躍したり、むきだしの暴力を行使する性格が受け継がれていた。しかし、少なくとも満仲と頼光父子の人物像、歴史的役割はあまりにも対照的である。この父子を一対として、摂関政治が全盛期を迎えようとする時代に、武士として、そして中級貴族として生きた彼らの姿を紹介することにしたい。

ただ、満仲について残された史料はごく僅かで、その実態を詳しく知ることはきわめて困難である。

たしかに、彼は著名な武士ではある。しかし、彼が著名となったのは、子孫が発展して武士政権を確立したこと、逆に武士政権の担い手たちから先祖として尊崇されたことが関係している。また、密告という行為が明示するように、彼自身が果たした歴史的な役割も、実は矮小なものに過ぎないのである。事績も不明確で、政治的地位も高くない満仲の評伝を淡々と書いても、とうてい面白い書物にはならないだろう。

一方、頼光については、貴族の日記に多くの事績が記されているが、すでに日記類を駆使した実証的な評伝が鮎沢（朧谷《おぼろや》）寿《ひさし》氏によって著されている。したがって、単に頼光の事績を明らかにしたところで、積極的な意味はない。

こうしたことから、本書では摂関政治が確立し極盛期を迎えるという大きな歴史の流れの中で、彼らの立場や行動、さらに武士としてのあり方を描き、その実像に迫ってゆきたいと思う。時代の情勢を知らずして、彼らが道長やその一門に奉仕した意味や目的は不明確である。したがって、どうしても本人以外に関する叙述が増えることになる。この点をご了解頂きたい。

具体的には、まず摂関政治の確立に至る政治過程や、その背景となった政治構造に、少し詳しくふれることにする。安和の変の実態や政治的意味、あるいは道長の権力の特質などについて検討を加えずに、満仲・頼光父子がそれらに関与した意味を検討することは困難である。両者を離れて、当時の政治情勢の分析に紙幅を割くことをお許し頂きたい。

また、昨今誠に喧《かまびす》しい「武士論」にも少しばかり言及することにしたい。武士は在地領主が武装したという古典的で単純な理解は否定されているが、武士は貴族の職能とする見方でも、武士がどのように成立し、いかに武門としての性格を継承したのかは十分解明されたとは言いがたい。そこで、武門の中心ともいうべき源氏について、満仲の多田の所領の問題などを手掛かりとして、武士としての性格の確立、継承のあり方などを検討することにしたい。

これに関連して、頼光の弟で、より武士的な側面を表出させた頼親とその子孫である大和源氏、そして頼信や初期の河内源氏などにも触れざるをえない。これらを通して、貴族的とされる頼光や摂津源氏の特質を浮き彫りにするためである。

一方、頼光の子孫は摂津源氏・多田源氏を称して、多田の地を基盤に活動することになる。しかし、この一族は本来、嫡流でありながら、大きく発展することはなかった。彼らは、頼光の弟頼信の子孫が武士政権を築くころ、歴史の表舞台から姿を消してゆくことになるのである。どうしてそうなってしまったのだろうか。単に貴族的だったから、ではもはや説明にもならない。押しつけがましいけれど、満仲・頼光の生涯を読みおえた読者には当然の関心と考える。そこで、この一族が辿った数奇な、そして黄昏を背負った運命について、付け加えることにしたい。

さらに、今日われわれが抱く満仲・頼光像を形成していった、人物像の増幅についても触れざるをえないであろう。満仲が将軍家の祖先として、極端に崇拝されたのは室町幕府の時代である。頼光一党が大江山で鬼退治をしたという英雄伝説が形成されたのも室町時代のことであった。こうしてみると、筆は室町時代の出来事にも及んでしまうことになりそうである。

しかし、人物が歴史に名を残すのは、存命の時だけではない。実像だけではなく、さまざまな要素を含んだ満仲・頼光像を提示できれば幸いである。

なお、原則として依拠した史料を記したが、あまりに多くの史料に登場する出来事については省略した。また、受領の人事については、原則として『国司補任』『日本史総覧』に依拠している。

＊改元が行われた年の元号は、煩を避けるために、改元の日付と関係なく、すべて新元号を用いた。

源満仲・頼光——殺生放逸　朝家の守護

目次

はじめに
関係地図
関係系図

第一章　武門源氏の祖――経基……1

1　武門源氏の成立……1
武門の代表　賜姓皇族　源氏と武門　経基の父祖

2　経基と承平・天慶の乱……11
「いまだ兵の道に練れず」　密告者経基　東西の兵乱　追捕使次官経基

3　乱後の経基……20
初の武勲　大宰少弐経基　晩年の経基

第二章　満仲と安和の変……27

1　満仲の登場……27
武門源氏の確立者　軍事貴族満仲　頼光の母　頼親・頼信の母

2　安和の変……37
政変の勃発　源高明の野望と挫折　ミウチ政治　乱の首謀者

3　満仲の暗躍……47
密告者満仲　高明と秀郷流　武蔵をめぐる対立　大乱の余波

第三章　満仲と多田……57
1　満仲の出家……57
多田進出　京と多田　花山天皇の退位　出家と源賢
2　所領と武力……68
満仲の殺生　郎等の居住地　イエ支配　その後の多田
3　満仲の晩年……79
武門源氏の確立　満仲の弟たち　満仲の死去

第四章　頼光と摂関政治……89
1　頼光の登場……89
あたかも除書のごとし　武門源氏の嫡男　長徳の政変
「中関白暗殺計画」
2　受領頼光……100
大国受領　内蔵頭　受領生活の頂点　受領層の変遷

3 道長側近……111
道長と頼光　三条天皇と頼光　頼光の姻戚関係　貴族との交流

第五章 武人頼光とその周辺……127

1 頼光の武人伝説……127
伝説の形成と肥大化　頼光の実像　頼光の郎等たち　頼光の死去

2 大和源氏頼親……138
頼親と摂津　頼親の生涯　殺人の上手　その後の大和源氏

3 夷狄の平定……147
頼信と東国武士　頼信の経歴　平忠常の屈伏　頼義・義家

第六章 摂津源氏の動向……159

1 頼国と頼綱……159
文人的武人・頼国　歌人頼綱　摂関家家司頼綱　多田源氏の成立

2 多田源氏の没落……171
明国・仲正兄弟　明国の配流　摂関家への従属　保元の乱と兄弟相剋

3 頼政と行綱……181

鹿ケ谷事件と行綱　頼政の経歴　京武者頼政の蜂起
風見鶏の限界――行綱
終章　伝説の満仲・頼光像……………………………………193
足利将軍家と多田院　鳴動と贈位　頼光の偶像化
参考文献　201
あとがき　207
源満仲・頼光略年譜　211
人名・事項索引

図版写真一覧

源満仲肖像（多田神社蔵）……口絵1頁
狩野元信筆「酒伝童子絵巻」（サントリー美術館蔵）……口絵2頁
多田神社全景（兵庫県川西市）……口絵2頁

大ムカデを退治する藤原秀郷『俵藤太物語絵巻』（群馬県立歴史博物館蔵）より……3
石清水八幡宮（京都府八幡市）……10
純友反乱の地、日振島（愛媛県宇和島市）（佐川印刷提供）……16
大宰府都府楼跡（福岡県太宰府市）（太宰府市提供、写真：岩崎　隆）……18
六孫王神社（京都市南区）……25
『二中歴』（前田育徳会尊経閣文庫蔵）……28
『延慶本平家物語』（大東急記念文庫蔵）……48
現在の多田神社境内（兵庫県川西市）……58
多田神社付近の猪名川……70
満仲墓所（多田神社）（兵庫県川西市）……85
東三条殿（道長邸の一つ）の復元模型（京都文化博物館蔵）……90
円山川（兵庫県豊岡市）……101

受領の下向『因幡堂薬師縁起絵巻』(東京国立博物館蔵)より……108
道長奉納の金銅経筒(吉水神社蔵、京都国立博物館提供)……113
藤原道長『紫式部日記絵詞』(藤田美術館蔵)より……117
現在の一条戻り橋(京都市上京区)……129
伝・坂田金時の墓(満願寺)(兵庫県川西市)……133
興福寺(奈良市登大路町)……141
頼義と義家『前九年合戦絵詞』(国立歴史民俗博物館蔵)より……154
延暦寺悪僧の強訴『天狗草紙』(東京国立博物館蔵)より……169
藤原頼長像「天子摂関御影」(宮内庁三の丸尚蔵館蔵)より……177
かつての六条八幡付近。現在は西本願寺の一角(京都市下京区)……182
頼政自害の地とされる平等院扇芝(京都府宇治市)……188
多田神社社殿(兵庫県川西市)……197

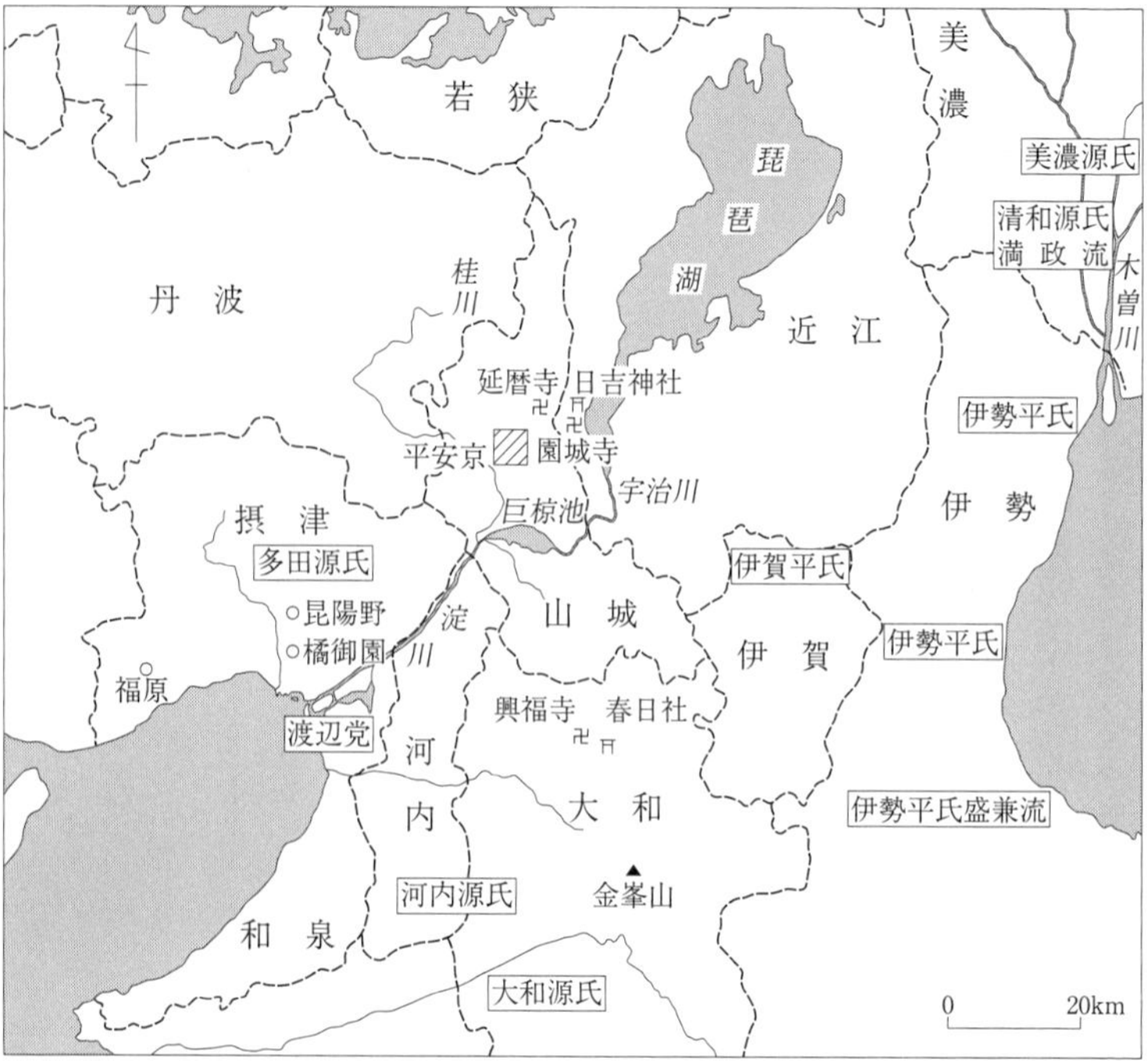

畿内周辺軍事貴族分布図

京都市中心部
上賀茂神社
大徳寺
下鴨神社
相国寺
頼光邸
推定地
立命館大学
北野天満宮
出町柳駅
今出川通
同志社大学
京都大学
京都
御所
一条戻り橋
吉田神社
真如堂
大内裏
京都府庁
道長土御門邸
二条城
堀
川
通
京都市役所
南禅寺
二条駅
烏
丸
通
四条通
河原町駅
八坂神社
壬生寺
建仁寺
旧六条八幡
摂津源氏拠点
六波羅
五条通
清水寺
西本願寺
東本願寺
七条通
三十三間堂
六孫王神社
東寺
京都駅
泉涌寺
東福寺
伏見稲荷大社

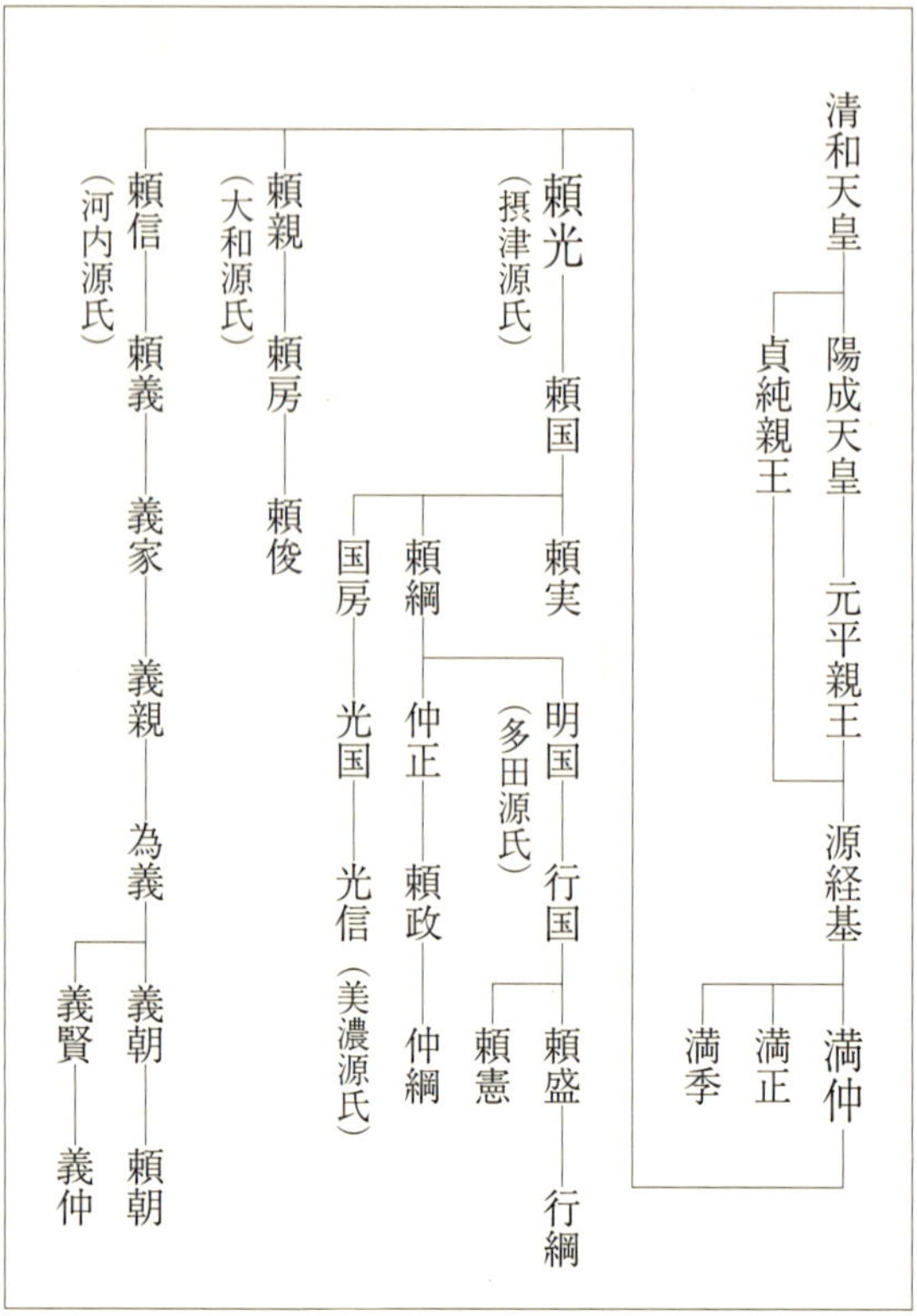
清和天皇
陽成天皇
貞純親王
元平親王
源経基
満仲
満正
満季
頼光
（摂津源氏）
頼国
頼実
頼綱
国房
明国
（多田源氏）
行国
頼盛
頼憲
行綱
仲正
頼政
仲綱
光国
光信
（美濃源氏）
頼親
（大和源氏）
頼房
頼俊
頼信
（河内源氏）
頼義
義家
義親
為義
義朝
頼朝
義賢
義仲

武門源氏系図

第一章　武門源氏の祖――経基

1　武門源氏の成立

武門の代表

武士政権を築いた源氏、平氏の両氏、それに京で武家故実に優れた佐藤一族を、地方武士としては平泉の栄華を築いた奥州《おうしゅう》藤原氏や下野《しもつけ》の守護小山《おやま》氏などを生んだ秀郷《ひでさと》流藤原氏。この源平、そして秀郷流藤原氏の三氏こそは、平安後期を代表する武門である。彼らの末《まつ》裔《えい》は、伝承の要素も含むとはいえ、近世まで武士政権の担い手として存続し続けたとされる。この三氏が武門として並立する契機となったのが、かの承平《じょうへい》・天慶《てんぎょう》の乱であった。

この大乱を境として、従来武門として名声を有した坂上《さかのうえ》・佐伯《さえき》・清原《きよはら》・小野《おの》といった氏族は姿を消す。以後、内乱追討や京における大規模な軍事動員に際して登場するのは、源・平・秀郷流を中心とする軍事貴族たちである。なお、軍事貴族とは主に五位以上という貴族としての地位をもちながら、軍事を家職として官職と無関係に軍事動員される存在をいう。中央政界に政治的地位を保持する点で、主として位階は六位以下、国衙《こくが》に属する在庁官人などの地方武士とは截然《せつぜん》と区別される存在である。

さて、承平・天慶の乱とはどのような事件であったか。承平五年（九三五）に勃発した桓武平氏一族の内紛でまず伯父国香《くにか》を殺した平将門《たいらのまさかど》は、国香の子貞盛、叔父良兼、良正らとの戦いを続ける。途中、いったんは敗れはしたものの、将門は一族間の私闘に勝利をおさめる。ところが、彼は天慶二年（九三九）暮れ、常陸国府を攻撃したため朝廷に対する国家的反乱に突入する。将門は瞬くうちに坂東を席巻し、「新皇」を自称して独立国を形成したという。

時期を同じくして、伊予に居住していた前掾《さきのじょう》藤原純友《すみとも》も、備前介藤原子高《こたか》一行を襲撃、朝廷に反旗を翻した。東西同時の兵乱とともに、蝦夷《えみし》の蜂起、駿河・尾張における国衙襲撃などが相次ぎ、事態は同時多発的内乱の様相さえも呈したのである。まさに平安朝始まって以来の重大な危機に、朝廷は震撼した。

しかし、朝廷には予想外に早く朗報がもたらされる。すなわち、天慶三年二月、下野の押領使《おうりょうし》藤原秀郷と、父国香を従兄弟将門に殺された貞盛によって、あっけなく将門は討伐されるのである。農繁期を迎えて将門の兵たちが帰郷した間隙をついて、秀郷らが急襲、秀郷の「古計《ふるきはかりごと》」に翻弄された将門側は、いったんは順風に乗じて反撃に転ずるものの、ついに将門は流れ矢に命中して落命する。彼の戦死をきっかけとして、東国の事態は急速に鎮静化してゆくことになる。

朝廷は三月九日、将門の乱の功労者たちに恩賞を授与する。その筆頭は、いうまでもなく、無敵を

大ムカデを退治する藤原秀郷『俵藤太物語絵巻』（群馬県立歴史博物館蔵）より

誇った将門を討ち取った秀郷。何と彼の位階は六位から従四位下に五段階も急上昇し、武蔵、さらに本領下野両国の国守を兼任するに至った。貞盛も従五位上に叙し、右馬寮の次官である右馬助に任ぜられた。そして、同時に大宰権少弐に任じられたのが、源経基、すなわち本書の主人公満仲の父である。ここに、平安後期を、いな中世を代表する軍事貴族三氏が鼎立する基礎が築かれた。

実は、経基は将門の反乱をいち早く京に密告したとして、すでに正月段階で従五位下に叙されていたのである。このように、経基が恩賞を受けたのは、二人と異なって華々しい討伐の功績ではなく、「告人」（密告）の賞であった。

彼が恩賞を受けた経緯や、承平・天慶の乱における活躍についてはひとまず置いて、武門としての源氏の起源を訪ねるために、新たな武門が成立した背景、そして大きな謎を秘めている経基の父祖について検討を加えておくことにしたい。

賜姓皇族

源氏とは、いうまでもなく賜姓皇族、すなわち臣下に下った天皇の子孫で、歴代天皇の皇子・

皇女に、天皇の子孫を意味する源姓が授けられて成立している。その最初は、弘仁五年（八一四）、嵯峨天皇が、のちに左大臣として応天門の変に巻き込まれる源信《まこと》以下、弘・常・明・貞姫・潔姫・全姫・善姫の八人の皇子・皇女に対し源姓を与えたことにあった。嵯峨源氏は総じて三十二名にも及んでおり、源氏が定着する要因となった。

本来、姓は天皇が臣下を区別するための標識であるから、天皇・皇族には姓はない。したがって、姓を与えることは臣下に下すことを意味するのである。賜姓の目的については、多くの皇親を削減して天皇側の経済負担を軽減すること、天皇家の藩屏《はんぺい》となる有力な貴族を設置することなどが指摘されている。

そして嵯峨朝以後、平安中期までの歴代天皇から源氏が成立する。嵯峨の皇子仁明天皇のもとでは、右大臣となる多、光らが、続く文徳《もんとく》天皇の代には右大臣となる能有《よしあり》らが、それぞれ源姓を与えられた。そして清和・陽成・光孝・宇多・醍醐・村上・花山《かざん》・三条の歴代天皇の子孫からも源氏が成立することになる。

しかし、平安前期の源氏は、一世こそ大臣などとして活躍する者も多いが、世代を重ねて天皇との関係が希薄になるにつれ、官位も急速に下降していった。たとえば、嵯峨源氏の場合、一世では弘・常・明・融《とおる》など、多くの大臣を輩出したが、二世では大納言に二人が昇進したに過ぎず、三世では辛うじて参議となったものがあったに留まる。これは、仁明以下の源氏にも共通する現象と言えよう。

これに対し、平安中期に成立した醍醐源氏では、本書の主人公満仲とも深い因縁を有する左大臣高明が安和の変で失脚するものの、その子孫は摂関・院政期にかけて大納言の地位を保持する。そして村上源氏は、初代の師房《もろふさ》が道長・頼通父子と密接な姻戚関係を有し、彼の子供俊房《としふさ》・顕房《あきふさ》は、左右の近衛大将、ついで左右大臣に並ぶに至った。さらに顕房は、白河法皇の皇子堀河天皇の外戚となったことから、その子孫は大きく発展している。このため、村上源氏は嵯峨源氏に代わって源氏氏長者の地位を占めるに至り、公武の頂点を究める足利義満の登場まで、その地位に君臨することになる。

このように、政治的地位が継承されるようになったことは、天皇のミウチが共同で政治を行ったミウチ政治の段階から、政治的地位を父子相承するイエの集合体へと、政治構造が変化したことを物語る。ミウチ政治の問題については、安和の変を検討する時にふれることにしたい。

それはともかく、歴代の源氏の登場とともに、公卿・官人の中に各源氏が占める比重はしだいに増大することになる。院政期には一時、公卿の数で源氏が藤原氏を凌駕したことさえある。源氏は、大臣・公卿などとして天皇を補佐したほか、種々の官人、そして武門などとして、広範な分野で活動する人物を輩出することになるのである。

なお、「源」という名称の由来にも一言。これは『魏書』の「源賀伝」を起源とするとされる。すなわち、北魏朝の河西王の子賀が、皇帝の武帝から帝王と源を同じくする者として「源」の姓を与えられた故事がある。中国文化に通じていた嵯峨天皇は、おそらくこの出来事にちなんで源姓を賜姓したものと考えられる。

これに対し、源氏とならび称される平氏は、天長二年（八二五）に桓武天皇の皇子葛原《かつらはら》親王の子たちが賜ったのが最初で、平安京を造営した桓武天皇の事績にちなんだ命名とする説もあるが、明確な理由はわからない。以後、仁明・文徳・光孝の各天皇の孫王以下の世代が平氏を賜ったが、桓武平氏を除いて大きく発展することはなかった。

源氏と武門

先述のように、平安前期の諸源氏の場合、一世は大臣などとして活躍したものの、代を重ねるにつれて政治的地位を低下させており、中には地方に下ったり、武門となる者も現れた。嵯峨源氏の左大臣源融の子孫の一部は東国で武門化し、後述するように摂津源氏と密接な関係を有する渡辺党となったり、坂東や九州などにも展開していったものと考えられる。

賜姓皇族の武門として、坂東で大きく発展したのが桓武平氏であることは言うまでもないだろう。桓武天皇の曾孫高望王《たかもちおう》が寛平元年（八八九）に平姓を賜るとともに上総介《かずさのすけ》に就任し、富豪層と呼ばれた新興の豪族層や、奥羽から移住させられた俘囚《ふしゅう》などによる群党蜂起で混乱していた東国に下向、群党の組織化に成功し、東国に拠点を築いたと考えられている。これによって、桓武平氏は武門としての地位を確立することになる。それは、高望と同じ頃、武蔵権介《むさしごんのすけ》として赴任し、武門を形成した嵯峨源氏の仕《つかう》、あるいはのちに将門討伐の立役者となる藤原秀郷らにも共通していたに相違ない。

今日的な感覚からすると、京から下ったばかりの軟弱な賜姓皇族が激しい戦闘に明け暮れる豪族たちを簡単に組織できるなどとは考え難い。しかし、後述のように、経基の祖父ともされる陽成《ようぜい》天皇のように、退位後狩猟をもっぱらにしたような天皇もおり、武勇に優れた皇族・貴族は少なくなかった。また、天皇に連なる血統の権威は、元来土着国司《こくし》などが多い群党に対する組織者、調停者として大きな意味を有したものと考えられる。また、武具も一貫して京で生産されていたことから、その面でも京が地方に優越していたと見られるし、戦術的知識などの蓄積も京の方が有利であった。こうしたことを背景として、賜姓皇族や貴族らは、地方で武装集団を組織していったのである。

彼らは中央政界とも関係を有し、貴族の一員と見なされる五位程度の位階と官職を保持する一方、地方で国衙の役人らに任用されながら独自の政治的地位を築いていた。こうした存在を、少し難しい学術用語で「辺境軍事貴族」と称する。先述したように、軍事を家職として貴族としての地位を有した者を軍事貴族と称するが、その中でもなおかつ辺境に拠点をもち、京と往復していることから、このように称されている。将門の乱は、群党を組織して辺境軍事貴族となった桓武平氏一族、源護《まもる》一族らの抗争だったのである。

ついでに言うと、教科書などにも彼らが「土着《どちゃく》」したと称する記述が見られるが、これは正しくない。土着とは中央での地位を失って地方に居住することで、右のように中央の地位を保持する状態は「留住《りゅうじゅう》」と称して区別している。この問題については、満仲とその所領多田の関係を論ずる際に、詳しくふれることにしたい。

一方、この時期、坂上や清原といった一族が武門から姿を消した背景には、ミウチ政治の展開とともに源・平・藤原の諸氏が中央の高官を独占した関係で、それ以外の氏は政治的地位の低い特定官司の職務を請け負うようになり、受領《ずりょう》や将軍・追討使《ついとうし》に就任しえなくなったことなどもあろう。しかし、より大きな問題は、坂上や小野といった将軍を輩出した氏族でも、つとに文官も出していたように、武門としての性格が必ずしも継承されない面があったことにある。この点は、おそらく所領や武人集団の有無と無関係ではないと考えられるので、次章で満仲と多田荘の関係を論ずる際にふれることにしたい。

さて、経基が武蔵介として戦雲たなびく坂東に赴任したのは、天慶元年（九三八）のことであった。そこで彼は将門と遭遇するのである。彼の具体的行動を検討する前に、先述したように経基の出自について検討を加えることにしたい。

経基の父祖

経基の父については二つの有力な説があり、容易に解決をみていない。通常、経基に始まる武門源氏は、「清和源氏」と称されているように、清和天皇が経基の祖父で、その皇子貞純親王が父とされる。天皇の第六皇子貞純の皇子で、天皇の孫にあたることから六孫王《ろくそんのう》という通称も生まれたとされる。これは、南北朝時代に洞院公定《とういんきんさだ》の編で、その後増補された、最も網羅的で信憑性が高い系図とされる『尊卑分脈《そんぴぶんみゃく》』以下、主要な系図類が採用している説である。

しかし、『尊卑分脈』の記述にはとうてい信用できない部分が少なくない。たとえば、経基は天徳五年（原文ママ）（九六一）に四十一歳で死去したとしていることから、その生年は延喜二十一年（九二一）となる。ところが、同書によると、経基の長男のはずの満仲は延喜十二年生まれとあって、父より年長となってしまう。また、貞純親王は延喜十六年の死去とあるが、『日本紀略』の延喜十三年死去とする記述と食い違うし、いずれにせよ経基生誕より以前に死去したことになる。まさに荒唐無稽である。

また、同じ清和源氏説の『系図纂要』では、経基を寛平年間の生まれとしており、年代の錯綜は克服している。しかし、元来近世に編纂された同書の信憑性にも問題はあるし、それを事実とすると、一世源氏で右大臣源能有女を母とする優れた血統の経基が、五十歳近くまで叙爵もされず、武蔵介という国司の二等官にしか就けなかったことになり、新たな矛盾を生じてしまう。このように、清和源氏説の系図にはいずれも疑問や矛盾が多い。

これに対し、明治時代の碩学《せきがく》星野恒氏以来、注目されているのが、河内源氏の祖となった源頼信の告文《こうもん》である。これは、永承元年（一〇四六）、河内守となった頼信が、八幡大菩薩に対する帰依を告白した文書として知られるが、この文書で最も注目されるのは、彼が先祖の系譜を記した部分に他ならない。これによると、頼信の祖父経基の父は貞純親王ではなく、元平親王で、その父は陽成天皇、そして清和天皇に遡るというのである。

星野氏はこれを史実として重視し、陽成源氏説を唱え、後に清和源氏と称された原因は、陽成天皇が摂政藤原基経に廃位された不名誉な天皇だったことにあるとした。とくに、競争相手となった桓武平氏の祖桓武天皇が、平安遷都をなし遂げた英明の君主であったことから、桓武平氏との対抗上、源頼朝が無難な清和天皇を祖とするように系図を改変したと主張したのである。

しかし、これを否定する見解も少なくない。たとえば、他に陽成源氏説に立つ文献が一切ないこと。また、この告文自体を偽文書とする説が提起されているのをはじめ、系譜において天智天皇と施基《しき》（志貴）皇子を逆にするなどの誤記も多数見られ、信憑性が低いこと。さらに、『大鏡』や、後述する『今昔物語集』の満仲の説話の中でも、清和源氏説が明記されており、清和源氏説は星野氏が指摘し

石清水八幡宮（京都府八幡市）

た頼朝段階よりもはるかに早く、院政期には成立していたこと、等々がその論拠となる。

ただ、正文ではないにしても、鎌倉時代の写とされる古い文書であるし、また偽文書だからこそ、逆にでたらめな系図は回避されるはずである。系譜の記述のほかにも陽成源氏であることを明記する部分もあり、決して単純な誤記ではないことがわかる。また、後述のように満仲は陽成を退位させた基経の孫師《もろ》尹《まさ》らに仕えたのだから、彼の段階で陽成源氏ということを忌避し始めた可能性は高く、それが院政期に成立した書物に反映したのかもしれない。

結局、現段階ではいずれとも決めがたく、結論は留保せざるをえない。ただ、後述するように経基はいったん誣告《ぶこく》罪に問われながら、密告の恩賞として秀郷や貞盛と並んで官位を与えられるという破格の待遇を受けている。この背景には何らかの庇護や抜擢があったと見るのが妥当である。さらに、陽成院の周辺と経基との関係を窺わせる事例も存在している。この点については、次節でもあらためてふれることにしたい。

ともかく、清和源氏・陽成源氏のいずれとも断定には至らないので、今後いわゆる清和源氏については、「武門源氏」と称する。嵯峨源氏の一部や文徳源氏にも武門化した系統はあるが、ごく一部に過ぎず、武門の大半は経基の子孫であるために、この名称を用いる。

2　経基と承平・天慶の乱

「いまだ兵の道に練れず」

経基の名が史料にはじめて登場するのは、かの平将門の乱においてである。先述の『尊卑分脈』では、死去と同じ天徳五年（原文ママ）（九六一）に源姓を賜ったとしており、これに従えば当時は経基王を称していたことになる。しかし、摂政藤原忠平《ただひら》の日記を抄出した『貞信公記抄』などの確実な史料では、すでに将門の乱に関係した記述において「源経基」と称されており、賜姓の年代はかなり早かったようである。したがって、以下では「経基王」とは記さず、源経基、もしくは経基と称することにしたい。

さて、将門の乱を描いた軍記物『将門記《しょうもんき》』によると、経基は「悪役」として登場する。天慶元年（九三八）に武蔵介（武蔵国の次官）に任じられた経基は、権守（副長官）興世王とともに先例を破り、国守（長官）百済貞連の到着を待たずに、武力を背景として強引に国内に入り、税の未納や延滞分を奪い去った。これに抵抗した足立郡司武蔵武芝は、いったん山野に身を隠し平将門に救援を求めるに至った。

経基らの行動は、『将門記』から「無道を宗と為」すと酷評されているが、伝統的な郡司の支配と国司の矛盾は各地で発生していたものと考えられる。興世王と経基は、武力で武芝を恫喝していることとから、経基が当初から武門的な性格を有した可能性は高い。ここで、武蔵の混乱を聞いて調停に駆けつけたのが、平将門その人であった。

当時、将門は一門の私闘に勝利を収めたところだったのである。一門の私闘とは、承平五年（九三五）に将門が伯父国香を殺害したことに端を発し、将門と叔父良兼、良正、そして国香の息子貞盛らとの戦いを言う。将門は一時手痛い敗北を喫したりしたが、前年には仇敵貞盛を京に駆逐し、勝利を手中にしていた。

ちなみに、一族間の私闘に朝廷は介入しないことが原則であった。したがって、将門の戦いは国家に対する反乱ではない。それどころか、承平七年十一月、朝廷は良兼、貞盛らを将門に追討させる官符を発給しており、将門の立場を認めているのである。彼は、軍事的勝利を背景として、国司を凌ぐ権威を有して、坂東の調停者の役割を果たしていたことになる。

さて、話を事件にもどそう。将門が到着した時、経基と興世王は軍備を整えた上に妻子を連れて、武蔵国北部の比企《ひき》郡狭部《さやきの》山に立てこもっていた。将門と武芝が国府に向かった際、興世王はいち早くこれに合流し、和解の宴席に着いたが、経基は山に残った。どうしたことか、経基を武芝の後陣が包囲した。あるいは、和解を促すために経基の陣を訪れたのかもしれない。ところが、経基はこれに驚いて逃亡してしまったのである。相手の行動を誤解して逃亡した経基に対し、『将門記』は厳しい言葉を記している。

すなわち、「介経基はいまだ兵の道に練れずして、驚き愕《さわ》いで分散す」、と。この記述の解釈については、まだ兵の備えが不十分であったとする説も有力である。しかし、「兵の道」の本来の意味は「戦いの方法」とされており、これに従えば、経基自身が武人として未熟であったということになる。その後、純友の乱で追捕使《ついぶし》次官として起用され、残党追捕に活躍したことと比較すれば、初めて戦闘に遭遇して仰天した彼の未熟さが明示されているのではないだろうか。

そして京に逃げ上った経基は、将門・興世王の謀叛《むほん》を訴えるに至った。経基は武芝や将門の行動を誤解し、朝廷に虚言を申し立てる結果となったのである。

密告者経基

誤解がもとで逃亡し、『将門記』で嘲笑の対象とされた経基だが、それだけでは済まなかった。彼は逃げ上った京でも面目を失うことになる。

経基が将門を訴えたことは、先述した摂政忠平の日記を抄出した『貞信公記抄』天慶二年（九三九）三月三日条にも見えており、疑いない史実である。誤解によって、将門を反乱の罪で訴え出たことになる。当然のことだが、同年六月、経基は誣告罪《ぶこく》で左衛門府に禁固されてしまうのである。まさに「踏んだり蹴ったり」というところか。

『将門記』によると、この間に忠平から実否を尋問する御教書を受けた将門は、彼を無実とする常陸・下総・下野・武蔵・上野五カ国国司の解文《げぶみ》（上奏文）を取りまとめて弁明したために、朝廷から無罪を認められたという。また、将門は摂政忠平を「私君」として仕えており、忠平の庇護もあった可能性も高い。

経基は、強引な国内支配を強行しようとして郡司と対立し、調停に訪れた将門らの真意を誤解して任国から逃亡した上に、謀叛人として訴え、あげくの果てに誣告罪で拘禁されるに至った。何とも無様で不名誉な振る舞いをしたことになる。こうした経基の軽率な行動を見ると、いかにも官人としても武人としても未熟であったことが窺われ、彼が若年であったことを想像させる。

だが、世の中何が幸いするやらわからない。周知の如く、天慶二年の十一月、将門は常陸国府を攻撃し、国家的な反乱に突入してしまったのである。この直接の原因は、国司藤原維幾《これちか》と対立した豪族藤原玄明《はるあき》を将門が保護したことにあったが、同時に、維幾が将門の仇敵貞盛を匿っていたという私的な対立も介在したとされる。理由はどうあれ、国府襲撃は紛うことなき朝廷に対する反乱であった。

こうなると、経基もまさに「怪我の功名」である。彼は、誣告罪から一転、逆に将門の謀叛をいち早く注進した功労者として、先述のように天慶三年正月九日に従五位下に叙されている。五位以上の者は、蔭位の制や処罰の免除が適用されるなど、貴族社会の様々な特権を保証されていた。名例律では、四・五位の者は三位以上の「貴」に准ずる「通貴」と称されており、いわば五位までが「貴族」に属したと言える。したがって、経基もはれて貴族の一員となったということができよう。

これと同日、経基と対照的に、東国推問使に就任しながら、何かと理由を申し立てて出立しようとしなかった右衛門権佐源俊《すぐる》以下が官職を解任されている。この俊の娘こそ、のちに経基の子息満仲の妻として頼光を産む女性であるが、この時点で経基との間に何らかの交渉があったのか否か、定かではない。

東西の兵乱

一方、平将門が国家的反乱に突入したのとほぼ時を同じくして、瀬戸内海でも前伊予掾であった藤原純友が海賊を組織して蜂起した。将門が坂東を席巻したという報告に朝廷が驚愕していた天慶二年十二月、純友は伊予守紀淑人の制止をふりきり、随兵を率いて「巨海」に漕ぎだした。そして、純友の部下藤原文元は、純友一門の動向を朝廷に報告しようとした備前介藤原子高一行を摂津国須岐駅（芦屋とも）において殺傷したのである。かくして、朝廷は、東西の反乱に同時に直面するという、まさに未曽有の事態に立ち至ったのである。

ここで朝廷は、経基の叙位と同じ天慶三年正月九日、純友に対して従五位下の位を与え、さらに二十日には子高襲撃の実行犯文元を軍監に任じている。これらはむろん、本来藤原北家出身の貴族である純友に対する懐柔策であるが、同時に蜂起の背景に承平六年（九三六）段階の海賊討伐における恩賞問題に対する不満があったと見なした結果でもあった。早速、純友は「悦状」を提出して、叙位に満足しており、懐柔策は一応奏功した。

かくして、朝廷は将門の追討に全力を注ぐことになる。そして、天慶三年二月八日には藤原式家出身の参議藤原忠文を征東大将軍に任命し、朱雀天皇自ら大将軍を象徴する節刀《せっとう》を与えた。この時、経基も五人の副将軍の一人に任命されている。他の副将軍としては忠文の弟で陽成上皇の院司であった忠舒《ただのぶ》、中納言山陰の孫国幹《くにもと》らがいた。

実は大将軍忠文も、かつて陽成院の御給で従五位下に叙されており、院と密接な関係にあったと考えられる。陽成院に近い大将軍のもと、陽成院司とともに経基が副将軍に起用された原因は、単に密

純友反乱の地，日振島（愛媛県宇和島市）

告者だったためではあるまい。彼が陽成天皇と密接な関係を有した傍証となるのではないだろうか。

血縁関係の有無は不明だが、少なくとも彼は陽成院に関係する人々によって武人として育成された可能性が高く、武人としては陽成院の系統につながっていたと考えられる。こうした関係が、先述の頼信告文の系譜に反映していたことは疑いない。想像を逞《たくま》しくすれば、貞純親王の皇子として生まれた経基は、父の死後に陽成院周辺の人々に武人としての指導を受け、元平親王の養子などとなっていたのではないだろうか。

それはともかく、大々的に編成された追討軍ではあったが、出発後まもない二月十四日、将門は下総国北山の合戦で、下野掾・押領使藤原秀郷と将門の従兄弟にあたる平貞盛の両名に討たれて、乱はあっけなく終息してしまった。このため、征東大将軍忠文はもとより、経基にも活躍の機会はなかったのである。

忠文は何ら恩賞に預からなかったことを遺恨としたとされるが、先述したように経基には大宰権少弐就任という恩賞が待っていた。これは「告人」としての恩賞だったとされるが、先の叙位とあわせると過分の感は否めない。やはり、何らかの庇護を加える存在があったと考えられる。それは、当時存命の陽成院、あるいは父ともされる三品弾正尹元平親王の可能性が高いのではないだろうか。

そして、この大宰権少弐補任は、同時に純友の乱追討への起用をも意味していた。忠舒らが将門の残党の追討に当たっていたのに対し、将門の乱の密告者は、今度は純友追討の中心的武力として、脚光を浴びることになる。

将門追討の朗報が、信濃国の飛駅使《ひえき》によって京に届けられたのは、二月二十五日のことであった。先述のように、朝廷が位階を与えたのに対し、純友は感謝の意を示しており、事態は収まるかに見えた。しかし、純友軍はそのあとも淡路を襲撃しているし、さらに二月二十二日には、追捕凶賊使小野好古《よしふる》より、純友軍が上洛する恐れさえも報じられている。このため、将門討伐を契機として、朝廷は純友対策に本腰を入れることになる。将門の残党討伐にともなう東国の混乱も一段落した天慶三年（九四〇）六月、朝廷は「純友暴悪の士卒《しそつ》」の追討を命ずることになる。

ここで注目されるのは、純友本人ではなく、その「士卒」（家来）の追討が命ぜられた点である。おそらく、本来独立して海賊活動を行っていた純友の家来たちは、叙位に満足した純友の統制に服そうとせず、彼の意向とは関係なく、各地を横行しては海賊行為を繰り広げていたのではないだろうか。海賊の寄せ集まりに過ぎない純友の軍団の、組織としての脆弱さが窺われる。

追捕使次官経基

事態はさらに緊迫の度を深める。八月には、何と四百艘もの海賊が伊予・讃岐両国を襲撃し、さらに備後国では朝廷側の兵船百艘が焼かれたという。これに驚いた朝廷は、同じ月に追捕山陽・南海両道凶賊使を補任する。その長官小野好古のもと、経基は次官に

大宰府都府楼跡（福岡県太宰府市）

就任している。ちなみに判官には藤原慶幸《よしゆき》、主典には渡来系氏族の後裔である武人大蔵春実《おおくらのはるざね》がそれぞれ補任された。

経基は先述のように、将門の乱終了直後に大宰権少弐に任ぜられており、純友の乱追討に重要な役割を与えられていたことになる。したがって、追捕使の一人に起用されたのも当然と言えよう。この背景には、福田豊彦氏らの先行研究が指摘しているように、将門の乱の功労者を純友の乱追討に起用するという朝廷の大きな方針があった。

それにしても、「いまだ兵の道に練れず」と嘲笑されたような経基が、真先に純友追討に起用されたことには、何らかの事情があったと考えられる。おそらくは、東国下向の段階から彼が武人としての性格をおびていたこと、そして武人としての彼を抜擢、重用しようとする陽成院などの庇護があったためではなかったか。

さて、朝廷は追捕使や警固使を派遣し、純友側の有力武将であった紀文度《きのふみのり》や、「海賊中之暴悪者」と称された前山城掾藤原三辰を相次いで殺害した。さらに、副将藤原恒利の離脱もあって、さしもの純友軍もしだいに弱体化していった。しかし、元来機動性に富んだ純友やその部下たちは神出鬼没の動きを見せ、ついに天慶四年五月には九州の首都ともいえる大宰府を襲撃、重代の財宝を奪い、その政庁である都府楼《とふろう》を焼打ちするにおよんだのである。ここに至って、朝廷は征西大将軍として将門の乱の征東大将軍だった藤原忠文を任命、平貞盛などの投入も計画する。将門の乱追討の武力が純友の乱鎮圧に全面的に投入されようとしていた。

しかし、その直後の五月二十日、純友軍は、博多津における追捕使との決戦で壊滅的な敗北を喫する。『純友追討記』によると、この時、追捕使長官小野好古は陸地より、判官藤原慶幸、主典大蔵春実は海上から博多津を目指した。決戦に際して、春実は短兵を手に髪を振り乱して純友軍の真っ只中に切り込み、これに続く降将恒利以下とともに多くの敵を倒すという獅子奮迅の活躍を見せた。さらに、官軍は逃げようとした純友軍の船に火を放ち、大勝利を収めるに至った。

この結果、純友は急速に勢力を失い、からくも本拠地伊予に逃れたものの、六月二十日、同地で息子重太丸とともに警固使橘遠保《とおやす》によって討ち取られた。ここに、さしもの大乱も終息を迎えたのである。

以上の経緯から明らかなように、大宰権少弐だったはずの経基は、純友本人の討伐にいたる過程で全く名前が見えない。やはり「兵の道に練れず」と言われた未熟さは克服されなかったのであろうか。あるいは博多津決戦に先立つ純友の襲撃に際して大宰府防衛に当たり、敗走したのかも知れない。いずれにせよ、彼が大した役割を果たさなかったのは事実である。

八月十八日、追捕使長官好古は昇殿を許されており、おそらく他の武人たちにも恩賞があったものと思われる。しかし、今回は経基に官位などの恩賞が与えられた形跡はない。以後も彼は大宰権少弐のままであった。

3　乱後の経基

初の武勲

経基が初めて武人としての活躍を記録に残したのは、純友が殺害されて三カ月近く経った残党追捕の段階のことである。承平・天慶の乱のまさに最後の最後となってからで、六日の菖蒲の感なきにしもあらず、ではあるが。

それはともかく、『本朝世紀』天慶四年（九四一）十一月二十九日条によると、この日、八月十七・十八両日の合戦で生け捕りとなった純友の次将の一人佐伯是基《これもと》とともに、純友側の主要武将の一人桑原生行の首が朝廷にもたらされている。この生行を討ち取ったのが経基だったのである。

生行を討伐した経緯は次のようなものであった。同年九月六日、生行が豊後国海部郡佐伯院（現大分県佐伯市付近）を襲撃した際、追討凶賊使の任にあった経基は、申時（午後四時ころ）から酉時（午後六時ころ）に及ぶ合戦の末に勝利を収め、生行を生け捕りにしたほか、賊徒を殺害し、さらに馬・船・武器・絹・綿などを奪取したという。なお生行は合戦における負傷が原因で死亡したため、その首が送られたのであった。

かくして、経基もようやく武人としての面目をほどこしたことになる。もっとも、彼の武人としての活動記録は、あとにも先にもこの一回だけに止まる。

経基は、追討凶賊使の任にあったというから、依然として純友の乱の残党追捕をその職務としていたことになる。また同時に、海賊などを対象に治安維持に当たる警固使の任にも就いていたという。したがって、彼は八月はじめに追捕使長官好古らが帰京したあとも、おそらく大宰権少弐という立場上、九州に留まってこのような職務を担当していたものと考えられる。

純友の討伐後も、先述の佐伯是基をはじめ、純友の残党は各地に潜伏しており、その追捕がさかんに行われていた。生行追捕と同じ九月の二十二日には播磨国で海賊三善文公が合戦の末殺害され、その場を逃れた備前介藤原子高襲撃の張本人藤原文元、彼の弟文用《ふみもち》も、十月十九日に但馬で討ち取られている。文元兄弟は剃髪して僧侶を装い、坂東に逃れようとしていたという。最後の大物文元の追捕で、さしもの純友残党の行動も沈静化し、追捕問題は記録の上から姿を消すことになる。

それを象徴するように、十月二十三日、山陽・南海両道の諸国警固使、押領使、撃手使の停止が命ぜられている。おそらく先述の三善文公、藤原文元らの追捕、没落で情勢が平穏になったと考えられたのであろう。

しかし、西海道はその対象から外されており、経基は十月以降も警固使に止まった可能性が高い。やはり九州は最後の激戦地でもあり、また後述するように朝鮮半島や中国大陸の情勢も不穏であったことから、他地域よりあとまで存続することになったのであろう。しかし、経基の名前はしばらく史料から姿を消す。

経基は桑原生行追捕から五年を経た天慶九年（九四六）に、再び大宰少弐として記録に登場することになる。『貞信公記抄』十一月二十一日条によると、経基は「大船二隻が対馬に来着したという。どこの国の船かまだわからない」という報告を上申している。この報告を朝廷に上申した大宰府の長官大宰大弐は、あの小野好古。就任は前年天慶八年十月十四日のことであった。

ちなみに大弐は、本来大宰府の次官格ではあるが、長官に当たる権帥がいる時には大弐が、大弐がいる時は権帥が任ぜられないことになっていた。したがって、大弐は実質的な長官を意味したのである。

それはともかく、この大弐・少弐は、まさしく純友の乱における追捕使長官・次官の再現であった。経基も、「権」が取れて少弐となっていた。天慶四年以降、経基に関する記録がないだけに、彼が一貫して大宰府に止まり、権少弐から少弐に昇進したのか、あるいは一旦帰京後、再度補任されたのかは定かではない。

いずれにせよ、好古・経基の大弐・少弐体制が成立した当時、九州は不穏な情勢に直面していた。時あたかも、唐滅亡後の東アジア世界の大動乱の真っ只中だったのである。朝鮮半島では新羅《しらぎ》滅亡、高麗《こうらい》建国という動乱で情勢も不安定となっており、海賊の恐れもあった。また、王朝が相次いで交代していた中国からも交易などをもとめて船が頻々と入港していた。対馬に到着した国籍不明の「大船」の報告も、このような緊迫した国際情勢を反映したものだったのである。

さらに、天慶九年十二月には、大弐好古から朝廷に対し、調庸支払いを拒み郡司・民衆に乱暴を加える「遊蕩放縦《ゆうとうほうじゅう》」の者たちの追捕が奏請されている。これによると、大宰府管内では承平六年段階から問題となっていた国司の子弟に加え、富豪浪人らが武装集団を形成して各地で乱暴を繰り返していた。富豪浪人こそ、時として群党、あるいは海賊として蜂起し、承平・天慶の乱の背景ともなった存在であった。したがって、彼らの横行を放置すれば、再び大きな蜂起・反乱に発展する可能性もあったのである。

以上のように、純友の乱後も九州はまさに内憂外患を抱えていたと考えられる。こうした情勢を考えれば、好古・経基両名の補任は軍事的な意味合いが強いものと見て間違いはない。言い換えれば、経基の武人としての評価も定着していたことになる。しかし、経基の名前はこれ以後、史料に登場することはない。

また、経基やその子孫は、大宰府・九州に何らの活動の痕跡も残していない。懸念されたような大きな事件もなく、経基の少弐在任もさほど長期に及ばなかったのではないだろうか。好古が大弐を辞任したのは天暦三年（九四九）のことと見られる。おそらく、同じころに経基も離任したのではないだろうか。

晩年の経基

経基の死去については、先にふれたように『尊卑分脈』は天徳五年《(原文ママ)》（九六一）十一月四日、享年を四十一歳とし、勅撰和歌集の作者を説明した『勅撰作者部類』は同二年十一月二十四日に四十五歳で死去したとする。そして、後者には天慶八年（九四五）に正五位下となったという記事がある。これを彼の最終位階とすると、将門の乱の密告で従五位下となってから五年で二階上昇したことになる。これを除けば、天慶九年以降の彼の動きを物語る史料は残っていない。

さて、大宰府での任を終えた彼は京に帰り、京で残りの人生をすごしたのであろう。しかし、彼が受領や京官に就いたという記録も見えないのである。彼の邸宅は、現在の六孫王神社（京都市南区、JR京都駅南側）付近と考えられている。事実とすれば、当時の上流貴族が邸宅を構えた左京北部とはかけ離れた場所を最後の住処《すみか》としたことになる。当時の武門源氏の政治的地位の限界を物語るものではないだろうか。

武人ではあったが、経基には歌人としての才能もあった。十一世紀初頭に成立した勅撰和歌集『拾遺和歌集』に、二編の和歌が採録されている。まず巻十一、恋一に収録された「題しらず」の作品は、

哀ともきみたにいはば恋侘びて
　しなむ命もをしからなくに

というもの。巻十四、恋四の作品は、「とほき所に思ふ人をおき侍りて」という詞書きが付され、

雲居なる人を遙におもふには
　わか心さへそらにこそなれ

という、いずれも優美な内容である。歌人の資質は、満仲の長男頼光の系統に継承されることになる。

ところで、先述のように経基は秀郷・貞盛とならぶ承平・天慶の乱の功労者として、朝廷から大きな恩賞を与えられ、以後桓武平氏・秀郷流藤原氏、そして武門源氏という三つの軍事貴族が京に鼎立することになる。この背景については、以前拙著『武士の成立』で指摘したように、空前の大乱を平定した功労者に対する畏敬、そして小野氏などが没落したように、ミウチ政治の確立とともに中央の貴族の地位が源・平・藤原の三氏にほぼ独占されるようになったこと、さらに所領・武士団など永続的な要素が成立していったことなどがあったと考えられる。

六孫王神社（京都市南区）

東国に基盤を有した秀郷・貞盛と異なり、経基の所領や地方武士との関係を伝える史料は存在しない。後述するように、平安後期の史料では、承平・天慶の乱の功労者でありながら経基は武士として認識されていなかった。その原因は、大した武功がなかったことと、武門の基盤として継承される所領や武士団を形成できなかったことにあったのではないだろうか。

所領の開発やそれを基盤とする武士団の形成は、経基の後継者満仲の時代を待たなければならなかった。その満仲が史料に登場するのは、父経基の最晩年のことである。時あたかも摂関政治が確立を迎えようとする時代。満仲は、貴族政治における暗闘と結びついて、京に進出してきた秀郷流の藤原千晴《ちはる》との抗争を展開することになる。

第二章　満仲と安和の変

1　満仲の登場

武門源氏の確立者

平安時代の史料に基づいて、鎌倉時代に編纂された『二中歴』という辞書がある。その中に収められた「武者」の項目には、坂上田村麻呂の父で、奈良時代後期に勃発した恵美押勝《えみのおしかつ》の乱で活躍した坂上苅田麻呂《さかのうえのかりたまろ》から、白河院政初期に活躍した源義家に至るまでの、多くの武将の名前が列挙されている。

それらはあくまでも朝廷側に立った武将に限定されており、いかに武勇に優れていようと将門や純友の名前は出るはずもない。また、中には今日もはや事績が忘れさられた人物もあるが、一応これによって平安後期に貴族の間で武名を取り沙汰された人物を知ることができるのである。

将門・純友の追討に活躍した平貞盛・藤原秀郷こそは、まさに朝廷を守護した武者の典型として、

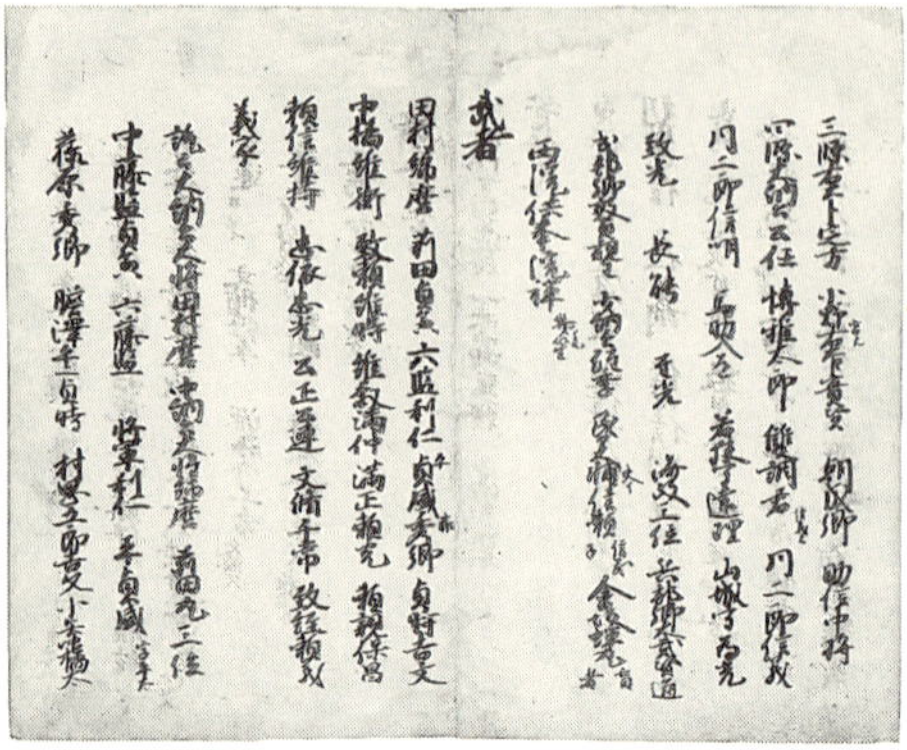

『二中歴』(尊経閣文庫蔵)

そして平安後期に至る有力な武門の祖として、当然のごとく登場している。しかし、武門源氏として最初に登場するのは、けっして承平・天慶の乱に関与した経基ではない。それは満仲なのである。

時代は下って『栄花物語』の一節。巻五「浦々の別」には長徳二年(九九六)五月、政権の座をめぐって藤原道長との政争に敗れた甥藤原伊周《これちか》・隆家《たかいえ》が配流された時の緊張した内裏の様子が描かれる。その内裏の警護には、前陸奥守平維叙《これのぶ》、左衛門尉維時《これとき》以下の平氏一門、そして当時備前前司であった源頼光、周防前司だった頼親という武門源氏一門といった錚々たる軍事貴族たちが招集されたが、彼らについて、「皆これ満仲・貞盛子孫也」と説明が加えられている。やはり、貞盛と並び称されるのは満仲であり、けっして経基ではない。したがって、満仲こそは武門源氏の祖として、後の時代に強く認識されているのである。

なぜ、そのような理解が生まれるのであろうか。以下、本書の主人公の一人たる満仲の生涯をたどってゆくことにしたい。

彼について一般的に知られているのは、本書の冒頭でも記した次の二点であろう。まず、安和二年

（九六九）に発生した安和の変に際して、藤原北家に与《くみ》し、その政敵左大臣源高明を陥れる密告者の役割を果たし、摂関政治の確立に裏面から寄与したこと。そして、摂津国多田に所領を開発して武力の基盤とするとともに多田院を建立し、その地で出家をとげたこと、である。まず本章では安和の変を中心に満仲の生涯とその特色をたどり、ついで次章では彼の開発した所領が有する意味を取り上げることにしたい。これらを通して、彼が武門の祖として強く認識されるに至った背景を考えてみよう。

事績の検討に入る前に、その生年と母についてふれておきたい。彼の生年は、先述のように『尊卑分脈』に従えば延喜十二年（九一二）で、長徳三年（九九七）に八十六年の長い生涯を終えたことになっている。しかし、この生年は父の生年を遡るという齟齬を来しており、明らかな誤りである。前章で検討したように、父経基が承平・天慶の乱のころ、まだ若年であったと考えられること、満仲は寛和二年（九八六）に出家したが、『今昔物語集』に出家当時「六十二余リヌ」とあることなどから、実際には九二〇年代の前半の生まれで、享年も七十歳程度ではなかったろうか。

母の父については橘繁古《しげふる》、藤原敏有《としあり》、藤原敦有《あつあり》説などがあるが、いずれの人物も実在さえも不明確で、確定は困難である。あるいは経基が若年のころ接した身分の低い女性を母としたため、正確な世系が伝わらなかったのかも知れない。

軍事貴族満仲

満仲が史料に初登場するのは、天徳四年（九六〇）のことである。平安末の僧皇円《こうえん》の編になる歴史書『扶桑略記《ふそうりゃくき》』の同年一〇月二日条に次のような史料がある。

右大将藤原朝臣（師尹）奏して云わく、近日、人々故平将門の男の京に入ることをいう。右衛門督朝忠朝臣に勅して、検非違使に仰せて捜し求めしむ。また、延光をして満仲・義忠・春実に仰せしめ、同じく伺い求めしむてえり。

将門の乱からまだ二十年余り。当然、貴族たちの脳裏には将門の脅威が強く焼き付けられていたのであろう。その将門の男、すなわち息子が入京したという噂は天皇や貴族たちを恐怖に陥れた。この重大な事態に際し、朝廷はまず検非違使《けびいし》別当である藤原朝忠に命じて検非違使に、ついで蔵人頭藤原延光を通して満仲以下の武者たちに、それぞれ行方を捜査させたのである。

公的な警察機関である検非違使が発動するのは当然だが、ここで注目すべきことは、蔵人頭藤原延光の命を受けて官職と無関係に動員された人々がいたことである。このうち、残念ながら義忠の出自は不明だが、満仲は経基の子、そして春実は純友追討使主典大蔵春実、その人であった。

承平・天慶の乱で活躍した武人本人、またはその子息が起用されていたことは、まさに武芸・軍事を家職とする軍事貴族が成立していたこと、そして彼らが重大事に際して官職と無関係に天皇の命で動員される体制が生まれていたことを物語る。すなわち、軍事貴族たちは天皇に直属する形で組織されていたのである。この動員体制は、動員の主体を天皇から院に変えて、平安時代を通して存続することになる。

この翌年、父経基は死去する。おそらく彼はすでに体調を崩していたのではないだろうか。あたかも武門源氏の当主の交代を象徴するように、経基に替わって、満仲が重要な使命を帯びて登用されたのである。武者として、経基が主に東国や九州で活動したのに対し、満仲が都で華々しく活躍したことは、武門としての印象を強く貴族たちに焼き付けたものと考えられる。

しかし、好事魔多しというべきか。『扶桑略記』によると、この翌年の応和元年五月、満仲は邸宅を強盗に襲撃されてしまうのである。なお、鎌倉時代の説話集『古事談』では、この事件を将門の息子追捕と同じ天徳四年の五月とするが、より近い時代の歴史書である『扶桑略記』の説にしたがうことにしたい。

この事件では、満仲が自ら一味の倉橋弘重を捕らえており、武門としての面目を保っている。弘重の白状によると、驚いたことに主犯は醍醐天皇の皇子、四品式部卿式明親王の息子親繁で、共犯には土佐権守源蕃基《しげもと》らがいたことが判明した。式明親王は、天慶八年段階に大宰帥の任にあり、経基の上司だったことがある。また、蕃基は清和天皇の皇子貞純親王の弟貞真親王の皇子で、その弟源元亮《もとすけ》は経基の女婿であり、その子孝道は満仲、あるいは頼光の養子となったとされる（『尊卑分脈』）。

こうして見ると、満仲に何らかの関係を有する者たちの犯行ということになる。式明親王は、親繁を病気と称して匿ったとして処罰を受け、事実上失脚している。式明親王の失脚を図った事件とする解釈もあり、何らかの裏がありそうではあるが、残念ながらこれ以上の踏み込んだ解明は困難である。なお、この事件に関する記述に、満仲は前武蔵権守と記されている。在任の時期は確認できないが、父経基の因縁の地に関与したことになる。

ついで、事件の四年後の康保二年(九六五)七月、村上天皇の日記によると、左馬助満仲は蔵人頭延光の命を受け、右近府生多公高《おおのきみたか》、右近番長播磨貞理《はりまのさだまさ》とともに天皇の鷹飼を命ぜられている。

左右の馬助は、宮中の馬を管理する馬寮《めりょう》の次官で、おおむね五位以上が任じられていた。また、四年後の安和の変に際して、正五位下に叙されたことから考えても、彼の位階は従五位下を越えていたはずである。また、鷹飼を命ぜられたという事実は、後述する多田の所領において鷹の夏飼を行ったという逸話との関連を想起させる。鷹の夏飼は「生命を断つ第一の事」とまで批判されたが、それでも彼が鷹を多数飼育した背景には、この鷹飼就任が関係していたのであろう。

頼光の母

安和の変以前の満仲の「事績」として忘れてならないのが、彼の婚姻である。婚姻の相手を通して、政治的地位や、人脈の一端にふれることができるはずである。

まず、長男頼光の母とされるのは、嵯峨源氏の源俊《すぐる》の娘であった。満仲には岳父に当たる俊は、先述のように、将門の乱の際に東国推問使に任命されながら、何かと理由をつけて赴任しなかったために官職を解任された人物である。密告の賞で従五位下に叙された経基とは対照的な処遇を受けたことになる。

その俊は、『尊卑分脈』によると、嵯峨天皇の曾孫に当たる。天皇の十番目の皇子であった祖父定は大納言・右大将にのぼったが、父唱《となう》は右大弁にとどまり公卿を逸した。そして俊の最終官歴は、従四位上左中弁・近江守であった。そして、彼の子息把は従五位下大宰少弐に終わり、子孫も断絶してしまう。

この系統は、代を重ねて天皇との関係が薄れるにつれて、次第に官位を下降させていったことになる。これは、先述したように、平安前期における源氏の典型的な存在形態と言えるだろう。経基は早世したため正五位下に止まったが、天慶末年ごろ、両者はともに従五位上に並んでおり、身分の面ではほぼ同格ということになる。まことに釣り合った縁談という塩梅《あんばい》であろうか。

政治的地位を下降させていたとはいえ、俊は有能な官人であった。彼は天慶九年（九四六）から数年間、五位蔵人と右少弁、さらに左衛門権佐《ごんのすけ》を兼任し、三事兼帯《さんじけんたい》という特権的な地位に就いている。すなわち、天皇の側近として政務を取り次ぐ蔵人、太政官の実務を担当する弁官に加えて、検非違使を兼任することが多く、衛門府の実務を掌握する権佐の地位を同時に占めることは、文武両面にわたる広範な職務を担当することを意味し、大変な名誉とされる。

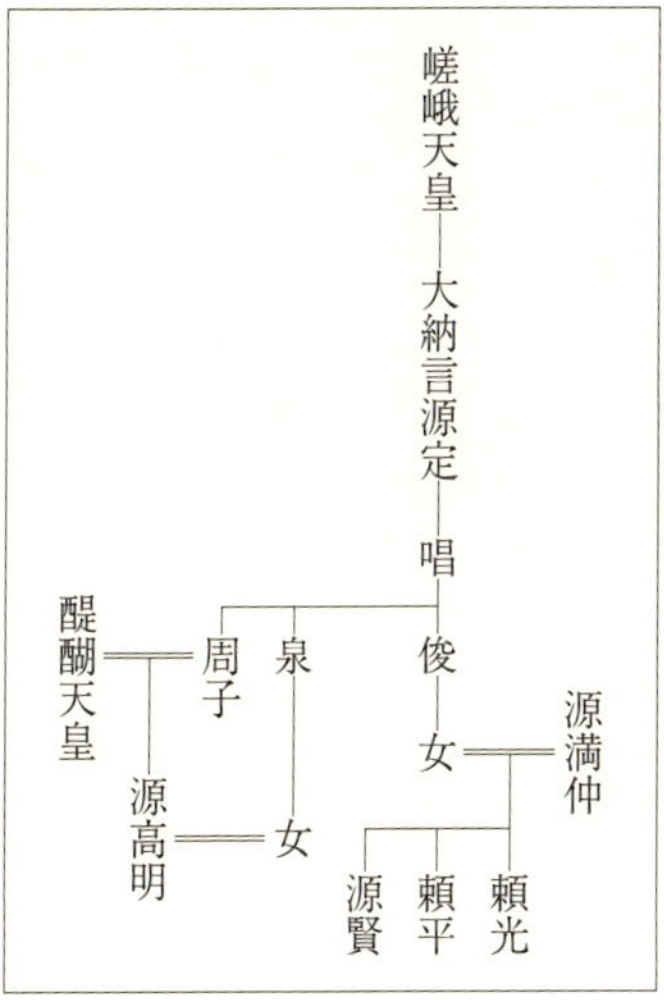

源俊の関係系図

かつて、天慶三年（九四〇）に、将門の動向を探査する東国推問使という武的な役職に就いた時には、怖じ気づいたのか、あれこれ理由をつけて下向を延ばし、ついに解官されるという大失態を演じたものの、官僚としては才気があったと考えられる。ちなみに、左衛門権佐に復帰したのは天慶五年のことであった。

頼光が生まれた時期については、天暦二年（九四八）、同八年とする説もあるが、先述のように父満仲の生誕時期が『尊卑分脈』の記述より下ると考えられるので、同様に若干下らせて考えるべきであろう。また、通説のままでは、後述する弟たちとの年齢の差も大きすぎるように思われる。ともかく、満仲と俊の娘との婚姻は、経基の晩年、あるいは没後に行われたものと推定される。

ここで注目されるのが、俊の一族の婚姻関係である。彼の姉妹周子は醍醐天皇の更衣《こうい》となり、何と源高明を生んでいるのである。そればかりか、俊の弟少納言泉の娘は高明の室となっている。俊の一族は源高明と密接な関係を有していたことになる。

いうまでもなく、高明は安和の変に際して満仲の密告によって失脚する運命にあるが、嫡男の母の一族が高明と密接な関係を有したことは、安和の変前における満仲の立場や行動を検討する上で重要な意味をもつと考えられる。この点は本章第3節で検討することにしたい。

なお、『尊卑分脈』によると、同母の兄弟には、四男の頼平、そして延暦寺僧となり、のちに満仲に出家を勧めることになる僧源賢《げんけん》がいたという。

頼親・頼信の母

次に、次男頼親・頼信の母について、ふれることにしたい。

頼親の母について『尊卑分脈』は藤原致忠《むねただ》、頼信の母については頼親と同母とする説とその父大納言藤原元方の娘とする説を併記している。兄頼親の母が息子致忠の娘で、弟頼信の母がその父の娘——つまり叔母——ということはあり得そうもないので、おそらくは同母だったと考えられる。

致忠の子息保昌《やすまさ》は、後述するように道長の家司であり、満仲の子供たちとほぼ同じ時代に活躍していることから、同世代と推察される。その意味では元方の娘の可能性が高いとする見方もできる。

しかし、父経基が正五位下に過ぎないことを考えれば、大納言の娘との婚姻は身分があまりに相違しているように思われる。また、頼親の生年は未詳だが、彼は永承五年（一〇五〇）に大和守に就任しており、その時点で八十歳を大きく越えていたとは考えがたい。また、弟頼信が安和元年（九六八）の生まれとされることを考え合わせると、結婚は九六〇年代初期と推定される。こうしてみると、世代的な面からも、天暦七年（九五三）に六十六歳で没した元方の娘とは考えにくいように思われる。以上のことから、満仲の二人目の室は致忠の娘ではあるまいか。

この元方の一族は藤原南家に属し、藤原一門では傍流であるが、彼は文章得業生《もんじょうとくごうしょう》から出発し、東宮学士や式部大輔を歴任する学者政治家として活躍、ついには父菅根《すがね》の参議を超越して破格の大納言に昇進した人物である。

その間、娘を村上天皇の女御に立て、天暦四年（九五〇）には天皇の第一子広平親王を儲け、一時は外孫の即位も夢ではなかった。しかし、直後に右大臣師輔の娘安子が憲平親王を生み、立太子したことから、天皇の外祖父となる野望ははかなく消滅、それが原因で三年後に死去し、死後は怨霊となって師輔の一族に祟ったと噂された。

致忠は主に受領に任じ、位階も従四位下に止まった。家格の低落は明らかで、満仲とはまさに同等ということになる。その弟陳忠《のぶただ》は、任国信濃からの帰途、谷に転落しながらも京における蓄財のため

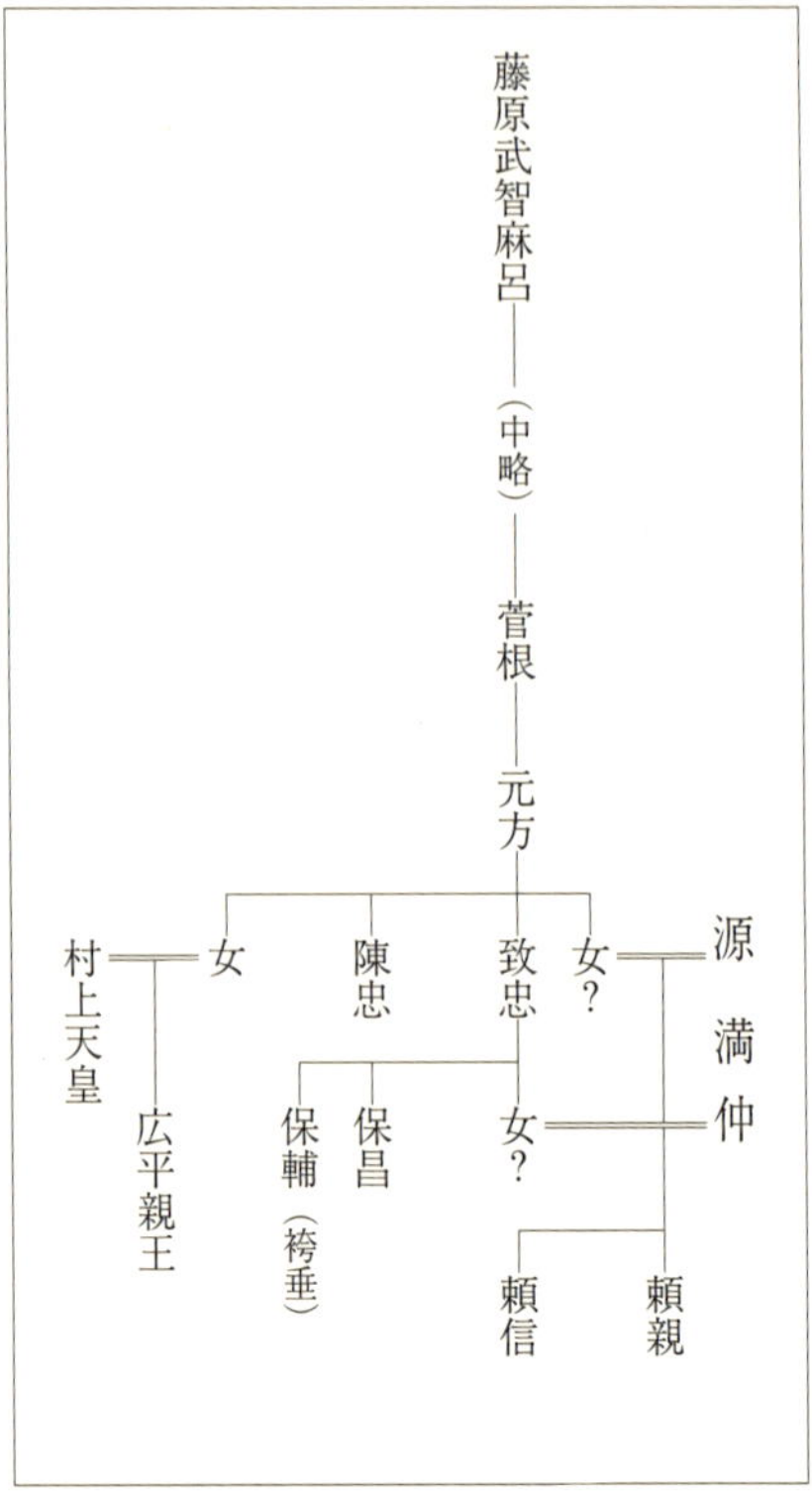

藤原元方・致忠一族関係系図

に茸を採集したという『今昔物語集』の説話で知られる。まさに強欲な受領の代表であった。さらに、致忠の子には、道長の家司として活躍し、武人として名声を博した藤原保昌、逆に再三追捕を受けながら悪事を重ね、京を震撼させた大盗賊袴《はかま》垂《だれ》こと、保輔などがいた。

致忠も、殺人を犯して佐渡に配流されており、武的な荒々しさを有した人物と考えられる。その致忠の娘との婚姻は、武芸に堪能な者相互の交流の所産と言えよう。保昌は子孫を残さなかったが、その一門の血統は武門源氏に継承されたのである。

2　安和の変

『日本紀略』は、事件当時の朝廷の混乱ぶりと衝撃の大きさを、次のような簡潔な文章で記述している。

政変の勃発

禁中の混乱、ほとんど天慶の大乱のごとし

安和二年（九六九）三月二十五日、ある密告から始まった政界の疑獄事件は、ついに左大臣の配流という重大な事態に発展した。もちろん、王朝時代の政変であるから、直接干戈《かんか》が交えられたわけではない。しかし、京中を検非違使が奔走し、内裏は武具でものものしく身を固めた武士たちに警護されていた。内裏は、あたかも三十年程前に起こった空前の内乱、天慶の大乱当時を思い起こさせる緊張に包まれたのである。

この時、大宰員外権帥として配流された左大臣は、醍醐天皇の皇子で、学才で知られていた源高明。事件の発端となった密告者こそ、源満仲であった。摂関常置のきっかけとなり、藤原北家最後の「他氏排斥」として、摂関政治確立を招いたとされる安和の変が勃発したのである。

事件の発端は、当時左馬助であった満仲と、前武蔵介藤原善時の両名が、中務少輔橘繁延（他書では敏延）、右兵衛尉源連らが謀叛を企んでいる由を密告したことにあった。ただちに右大臣藤原師尹《もろまさ》以下の公卿が参入し、宮中の要所である諸陣および武具・軍馬を管理する兵庫・左右馬寮の三寮の警護、そして京と東国を遮断すべく鈴鹿・不破・逢坂の関を封鎖する固関《こげん》が命ぜられた。事態は師尹の兄、太政大臣実頼にも報告されている。

検非違使に捕らえられた繁延や僧連茂《れんも》（他書では蓮茂）らは、参議で左右の大弁を兼ねる藤原文範、源保光の尋問に罪状を認めた。その間に検非違使で、満仲の弟満季が、前相模介藤原千晴、久頼父子とその随兵を捕らえ禁獄するに至った。千晴は、将門討伐の英雄、秀郷の息子だったのである。千晴らはのちに隠岐に配流されることになる。

翌二十六日、ついに累は左大臣源高明に及んだ。彼の容疑は、冷泉天皇の弟で、高明の女婿であった為平親王を擁立し、皇太子守平親王を排そうとしたことにあった。高明は左大臣・左大将の地位を奪われ、大宰員外権帥への左降、すなわち配流が決定された。これを聞いた高明は、息子たちとともに出家し配流を免れようとしたが、俗人に準じて配所に赴くことを命ぜられた。こうして、高明は政治生命を絶たれたのである。

急を聞いて真先に内裏に駆けつけた右大臣藤原師尹が、高明のあとを襲って左大臣・左大将に昇進、右大臣には大納言であった学者政治家藤原在衡《ありひら》が就任した。在衡は政変による昇進を潔しとせず、任大臣の大饗を行わなかったという。翌二十七日には密告者に恩賞が与えられた。満仲は正五位下、善時は従五位下に叙されている。満仲も父経基と同様、密告によって加階されたことになる。

三月二十九日には、高明の家人であった伊勢神宮の宮司大中臣仲理《なかまさ》が、謀叛成就を祈ったとして除名された。四月一日には主を失った高明の西宮邸が焼亡、ついで三日には五畿七道に命じて謀叛の党類源連、平貞節らを追討させるとともに、秀郷流の本拠下野国に対し、秀郷子孫らを教唆する官符が下されている。事件の余波は東国をはじめ、全国に及ぶに至ったのである。そして、四月中、高明や千晴をはじめとして、事件に関与したとされる人々は次々と配流先に下っていった。

それにしても、密告を受けてただちに行動し、手回しよく高明を陥れた師尹以下藤原氏の動き、密告者となった兄満仲と、迅速に藤原千晴一門の追捕を行った満仲の弟満季の活躍などを見ると、この事件はあらかじめ仕組まれたものであったという印象を抱かざるをえない。そして、藤原北家一門は最大の政敵源高明を、密告者満仲は最大の強敵秀郷流の藤原千晴一族を、それぞれ葬り去ることに成功した。陰謀とするならば、それは藤原北家・満仲の思惑通り、文字通りの圧勝に終わったことになる。

では、なぜこうした事件が勃発したのか。以下では、安和の変で衝突した藤原北家一門と源高明との対立の背景を解明することにしたい。

源高明の野望と挫折

高明は醍醐天皇の第十番目の皇子として延喜十四年（九一四）に生まれた。母は、先述のように満仲の岳父源俊の姉妹周子である。彼の室の一人が俊の姪であったことも含めて、満仲とは姻戚を介した関係が存した。後述するように、安和の変に際して満仲は、当初高明に伺候していながら裏切ったとする所伝があるが、姻戚関係を考えれば、単なる噂や後世の作り話とのみは言い切れない面もある。

だが、高明と親しいからと言って藤原北家と無関係ということにはならない。高明自身が、藤原北家と密接な関係を有していたのである。むろん彼には多数の妻妾がいたが、そのうちの二人は右大臣藤原師輔の娘であった。師輔は、承平・天慶の乱当時の摂政・関白藤原忠平の次男で、安和の変当時の太政大臣実頼の弟にあたる。しかし、娘安子を村上天皇に入内させ、天暦四年（九五〇）にはその間に外孫憲平親王を儲けて立太子させており、次代の外戚として、政界の中心に立つと見られた人物であった。

憲平立太子に際して、大納言元方の外孫で、先に生まれた広平親王が斥けられたことは先述の通りである。この元方も、満仲の岳父致忠の父であった。憲平立太子に際して大きな影響力をふるったのが、村上天皇の母后、忠平の妹穏子。そして、広平の立太子失敗に愕然とした元方は間もなく世を去ることになる。

それはともかく、師輔は有職故実にも優れ、朝儀を記した『年中行事』を残して、兄実頼の小野宮流と対抗する九条流の有職故実を確立したほか、日記『九暦』、そして子孫に公卿としての心得を説いた『九条右丞相遺誡』を残している。そして、女婿高明は、彼の名前を不滅にした有職故実書である『西宮記』において、師輔の書物を多数引用していたのである。両者の関係は単に岳父・女婿というだけではなく、学問を通した緊密な信頼関係に結ばれたものであったと考えられている。

歴史に「もし」は禁句である。しかし敢えて言おう。もし、師輔が長寿を保ち、長期にわたって摂政・関白に在職していれば、摂関政治の全盛はもっと早く到来したはずである。そして、高明は師輔の片腕として、協調しながら安定した政務を行ったに相違ない。彼が貶謫《へんたく》の憂き目を見ることは、まずなかったであろう。

しかし、事態は急変する。憲平立太子から十年後の天徳四年（九六〇）五月、師輔はまだ五十三歳の壮年で死去する。その四年後、その娘で将来の母后を約束されていた安子も、産褥が原因となり三十八歳で命を落とす。そして、三年後の康保四年（九六七）には村上天皇までもが四十二歳の生涯を終えてしまうのである。しかも、新天皇の冷泉が病弱とくれば、政界が動揺しないはずはない。元方の祟りなどとする噂が実しやかに流れるのもむべなるかな、である。

この政治的混迷の中で、誰が抜け出して主導権を握るのか。ここで、いち早く動いたのが高明であった。彼は病弱な皇太子憲平の早期退位を見越して、村上天皇死去の一年前、康保二年に憲平親王の弟為平親王を女婿に迎えたのである。為平即位の暁には、天皇の岳父として、将来の外戚、そして当時は外戚と不可分とされていた摂関の地位を目指したに相違ない。

むろん、これに、藤原北家側は敏感に反応した。村上天皇死去にともない、皇太子憲平が即位した際、皇太弟に立てられたのは為平ではなく、その弟守平であった。ここに高明の野望は頓挫を余儀なくされたのである。そして、二年後、為平擁立に執念を燃やした高明に安和の変という決定的な打撃が加えられたのであった。

『愚管抄』などは、事件の前提として高明に陰謀の動きがあったとするが、東国における挙兵を通

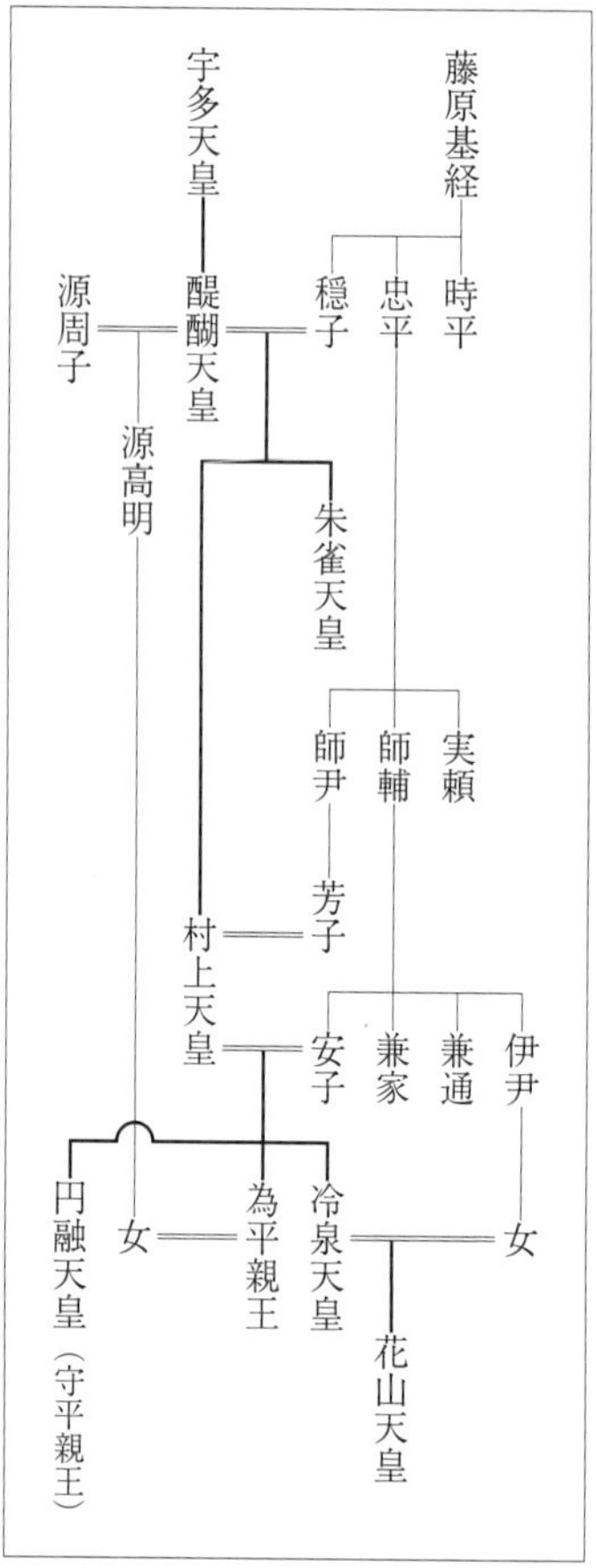

王家・藤原北家関係系図

して為平を擁立するなどということは、普通に考えればとうてい実現できるはずもない。おそらく、それはあくまでも口実、噂の域を出ないであろう。

それはともかく、この事件は通常「他氏排斥」の最後とされる。たしかにそういった要素はあったが、実際には高明は単なる「他氏」というわけではなく、藤原北家の一門に準ずる立場にあった。したがって、この事件には、むしろ一族の内紛ともいうべき要素も濃厚に存しているのである。

そこで、事件の黒幕を推理する前に、安和の変の歴史的意味について、簡単に再検討を加えることにしたい。なぜなら、この時代の政治の特色を知らずして、事件の黒幕はわからないのだから。

ミウチ政治

摂関政治の基盤を説明する上で、最も説得力がある考え方にミウチの共同政治（以下略してミウチ政治と称する）というものがある。摂関政治はけっして摂関の独裁ではない。むしろ、天皇のミウチ、すなわち父方の父院・皇親・源氏たち、そして母方の母后や外戚、摂関以下の藤原氏一門が、天皇を中心に相互に依存しながら政務を運営する。そして、政治的地位を決めるのは、天皇との血縁・姻戚を介したミウチ関係であった。代が変わってミウチ関係が希薄になると、政治的地位は下降してゆく。

藤原北家嫡流が代々高い政治的地位を保持できたのは外戚関係を維持したからであり、逆に先述の嵯峨源氏のように、代替わりごとに天皇との血縁が薄れていった一族は、しだいに没落を余儀なくされたのである。

こうしたミウチ政治のあり方は、氏単位で政治的地位が固定していた奈良時代以前、イエが成立して父から子に政治的地位が継承された院政期以後のように、ミウチ関係と無関係に政治的地位が決定された段階と大きく異なっているのである。

ミウチ政治が典型的に機能したのは、天皇の外戚として摂政・関白を勤めた藤原忠平、彼の妹で朱雀・村上両天皇の国母として大きな影響力をふるった穏子らが中心となって活躍した十世紀前半である。天皇・外戚・国母。この三者が提携してミウチ政治の中心は形成され、政界は安定するのである。

忠平・穏子の立場は、次世代に継承される筈であった。先述のように、忠平の次男師輔は娘安子を村上天皇に入内させ、憲平、為平、守平と三人もの皇子を儲けたのである。彼らが即位すれば師輔は外祖父で摂政を兼ねるはずであった。

娘が得られ、彼女が天皇の寵愛を受け、そして皇子を出産する。さらに天皇即位までの長寿を保てる。幾つもの幸運にめぐまれなければ実現しない外祖父の摂政は、当然大きな権威を有していた。清和天皇の外祖父良房《よしふさ》は人臣初の摂政に就任した。一条の外祖父兼家は、摂政と太政大臣を分離し、摂関の権威を上昇させ、さらに摂関政治の全盛を開いた。そしてその子道長の栄華は今更喋々するまでもないだろう。

外孫の即位を控えて、良房以来の権力と栄華を目前にした師輔は、高明とも緊密な関係を築き、まさにミウチ政治の中心として磐石の体制を築いていた。しかし、天は彼を見放した。天徳四年（九六〇）五月、彼は五十三歳で逝去したのである。それに続く安子、村上天皇の逝去、そして後継者冷泉天皇の生来の病弱。

安定と繁栄を迎えるかに見えた新たなミウチ政治の体制は無残に瓦解した。核を失った政界はにわかに不穏な情勢に陥ることになる。ここに、高明が野望を抱き、危機感を抱いた藤原北家一門が彼を陥れようとした原因が存した。したがって、安和の変こそは、単なる他氏排斥ではなく、ミウチ政治の内紛だったのである。この内紛は、外孫一条天皇を擁立し、良房以来の外祖父で摂政となった兼家の政権獲得まで続くことになる。

こうして見ると、ミウチ政治で主導権を握るためには、天皇との緊密な姻戚関係、とくに外戚関係が不可欠であったと言える。高明が為平を女婿に迎えたのもそのためであった。そうすると、彼を陥れてミウチ政治を主導しようとした者も、外戚関係を形成したか、あるいは形成する可能性が残された者ということになる。

では黒幕はだれか。それはまた、満仲が主君として仕えた者でもあったに相違ない。

乱の首謀者　事件の首謀者については、古くから様々な憶測がある。『愚管抄』は、実頼の子供、師尹、そして師輔の子供たちが仕組んだ事件と噂されたとする。彼らの立場や行動について検証してみることにしたい。

まず、藤原北家の長老ともいうべき実頼やその子供たちについて。実頼は師輔の兄、長年左大臣として朝廷の首座にあった。彼は、病弱な冷泉天皇の践祚《せんそ》とともに、父忠平以来久方ぶりの関白となって政務を補佐することになる。また、師輔以下の九条流を敵視し、師輔の女婿高明の失脚を図ったという推測もなされている。

しかし、彼は昌泰三年（九〇〇）生まれで、当時すでに七十歳。しかも、外戚関係の構築に失敗していた。事実、彼の子孫小野宮流は、嫡男頼忠を除いて摂関の地位とは縁がなく、師輔の子孫九条流に摂関の座を奪われたのである。そして、『小右記《しょうゆうき》』で知られる実資《さねすけ》のように、もっぱら有能な官人として活躍するに止まった。かりに彼やその子供たちが高明を陥れても、政界の主導権を握れたとは思えない。また、事件に際しても、弟師尹から報告を受けるまで積極的な動きは見られないのである。以上のような点を勘案すると、実頼が中心となって高明の失脚を図ったとすることは困難である。

一方、野心家とされる弟師尹は、事件に際していち早く行動し、高明の後を襲って左大臣・左大将となっただけに、彼を首謀者とする説は、南北朝時代に編纂された『帝王編年記』以来、通説と言える地位を占めてきた。満仲の密告に反応して、真先に事件の鎮圧を指示した彼が無関係であろうはずはない。天徳四年（九六〇）の将門の男入京に際して、満仲らが動員された時、対応策を天皇に奏上したのも彼であり、満仲とも何らかの関係を有した可能性もある。

疑われるだけのことはあると言えそうだが、しかし彼にも限界があった。娘芳子は村上の皇子を出産できず、彼は外戚関係の構築に失敗していたのである。先述のように、ミウチ政治では外戚関係を構築できなければ権力はない。実頼が無力だったのもこのためである。仮に陰謀を企んでも、せいぜい大臣・大将の地位が右から左に移れる程度で、政界の主導権が得られるわけではない。したがって、単純に師尹を首謀者とは見なしがたく、彼は真の首謀者に便乗した面があったように思われる。

では、この当時、天皇や有力な皇子の外戚として、ミウチ政治の中心となる可能性を有したのは誰か。それは師輔の子供たちである。彼らは妹安子の生んだ冷泉天皇の外叔父に他ならない。そして、長兄で権大納言の地位にあった伊尹はすでに女懐子を冷泉に入内させ、皇子師貞親王――のちの花山天皇――を得ていたのである。師貞が即位すれば、外祖父の地位が待っていた。彼らが為平を排除しようとしたのは当然であった。

また、敏腕で知られる兼家が、中納言に就任しながら蔵人頭を兼ね、天皇の周辺を強固に掌握していたことも、政変を遂行するための措置であったのかもしれない。

おそらく、炯眼《けいがん》な満仲は、次代の権力の担い手を見抜いていたことであろう。そこで次に、事件における満仲の立場や行動について検討を加えることにしたい。

3　満仲の暗躍

密告者満仲

安和の変は満仲の密告によって火蓋が切られた。密告には陰湿な雰囲気が纏《まと》わりつくだけに、満仲の評判を落とす原因になっている。しかも、彼は源高明を裏切ったという噂まで存在しているのだから、なおさら印象は悪くなってしまう。まずは、裏切りの真偽について検討することにしたい。

その経緯は『延慶《えんぎょう》本平家物語』の「後三条院ノ宮事」に見える。すなわち満仲は橘敏延・僧蓮茂らと東国で挙兵して高明の婿為平を天皇に立てようという陰謀を企てたものの、心変わりして訴えたために高明以下が配流されたとする。この裏切りの原因は、橘敏延と相撲を取った満仲が格子に投げ飛ばされ、怒った満仲が腰刀で敏延を突こうとして失敗し、人々に嘲笑されたことにあったという。また、満仲は敏延を訴えたついでに、事情を知らない高明を藤原師尹に讒訴《ざんそ》したために高明が配流されたとする。『源平盛衰記』の「満仲讒西宮殿事」にも同様の記述が見える。

『延慶本平家物語』は『平家物語』の異本の一種で古態を伝える部分もあるが、多くの挿話の中には信憑性に欠ける内容も少なくない。この挿話の場合も、藤原千晴の名前も出てこないし、相撲の勝

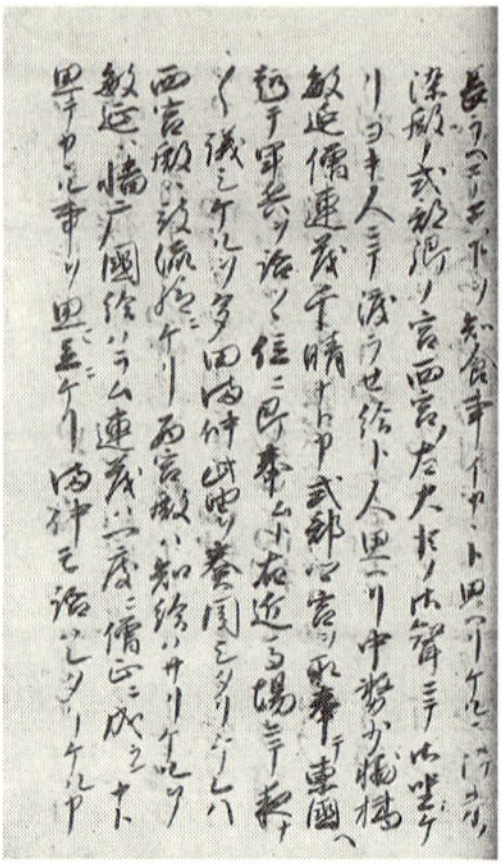

『延慶本平家物語』
（大東急記念文庫蔵）

ち負けで恨みを抱いたという話の内容からしても、いかにもことさらな作為を感じさせる内容である。

しかし、慈円の『愚管抄』にも、満仲が僧蓮茂・橘敏延・源連・藤原千晴らから仲間に誘われたのを裏切ったのか、あるいは武士としての縁故を通して事情を推察して訴え出たのか、いずれかの可能性があるという微妙な書き方をしている。やはり、満仲が高明派の者を「裏切った」か、同派に通じていながら、藤原北家側に密告するに至ったという噂があったこと自体は否定できないだろう。

こうした噂の背景には、やはり満仲が高明に仕えた事実があったのではないだろうか。先述したように満仲の岳父源俊一族が高明と緊密な姻戚関係を有し、満仲の岳父の姉妹が高明の母、満仲室の従兄弟が高明室であったことは、満仲と高明の関係を示唆するものと言えよう。

また、高明自身が藤原師輔と親しく、藤原北家の一員に近い立場にあったこと、そして満仲の出家に関する『今昔物語集』巻十九ノ四の有名な説話に、天皇以下、「世ノ人皆コレヲ用」いたとあるように、当時の武士が複数の主君に仕えることを原則としていたことなどを考え合わせるならば、満仲が双方とつながりを有した可能性は高い。おそらく、高明やその周辺の動向を藤原北家側に密告したようなことが存したのであろう。それが、のちに「返り忠」（裏切り）などと噂されるに至ったものと考えられる。

満仲が高明を見限って藤原北家側に立った原因の一つは、おそらく、すでに為平立太子に失敗した高明の前途に見切りをつけたことにあったと考えられる。それとともに、藤原千晴との対立を想定することができるのではないだろうか。

高明と秀郷流

先述のように、事件の勃発からさほど時間を経ずに、満仲の弟検非違使満季が藤原千晴やその子久頼、随兵などを追捕した。明らかに千晴一族は当初から狙われていたことになる。おそらく、藤原北家側の首謀者たちも、千晴一族の追捕を容認していたに相違ない。政変に際して、彼らが、恐るべき政敵高明の爪牙《そうが》を放置するはずはなかったのである。かくして、藤原千晴一族は失脚するに至った。

高明派の関係者の中で、家系などが判明するのは、この千晴のみである。いうまでもなく、彼は平将門追討の立役者藤原秀郷の息子であった。この一族については、すでに野口実氏の詳細な研究があるので、それに依拠しながら、安和の変による失脚に至る背景、千晴の立場などを述べておくことにしたい。

『貞信公記抄』天暦元年（九四七）閏七月二四日条によると、当時権中納言であった源高明を通して藤原秀郷からの申請が朝廷に伝えられた。その内容は、将門の兄弟を断罪にすべきこと、そして功田の給付の要請であった。将門の討伐からまだ七年目の当時、潜伏していた彼の兄弟の動きが問題となるのも当然と言えよう。同時に、功田の給付を申請する点に、将門問題を通して朝廷からさらなる恩賞を引き出そうとする秀郷の魂胆が見え隠れするように思われる。

高明が秀郷の上申を取り次いだのは、高明が当時検非違使別当であったために、将門の一族の動向という治安上の重大問題を管轄することになったと考えられる。ただ、こうした取り次ぎを介して、野口氏の指摘するような両者の私的な結合が形成された可能性が高い。それが、いわば秀郷の名代として京に進出したその子千晴にも継承され、彼が京で高明に近侍し、ひいては安和の変において失脚する遠因にもなったと考えられる。

野口氏によると、秀郷に上洛の形跡はないという。彼は下野・武蔵両国の国守、さらには鎮守府将軍といった中央の軍事貴族が任ぜられる地位に就いているが、京の政界に直接関与しなかったことになる。やはり、将門討伐という殊功に対する特別措置が講じられたのであろう。また、自身在京しなかっただけに、満仲のように複数の主君への伺候は困難で、政治的に連繋し、保護を受けた権門との結合は、深いものとならざるを得なかったのではないだろうか。

父と異なり、後継者千晴には将門討伐のような特別な功績はない。彼が父と同様、下野国や武蔵国における地位を確保するためには、上洛して中央の軍事貴族として実績を積み、地方の豪族たちに優越した官位を得ることが不可欠であったと考えられる。彼の上洛時期は不明だが、先述したように、天徳四年（九六〇）十月、将門の息子の入京が噂され、有力な軍事貴族が動員された際、千晴の名前は見いだされない。将門討伐の当事者の息子が上洛していれば、名が見えないことは考え難いことであり、この段階ではまだ上洛していなかったものと思われる。

千晴が、初めて在京活動に関係した記録は、『本朝世紀』康保四年（九六七）六月一四日条である。おそらく上洛時期はこれを大きく遡るものではないだろう。この記事は、村上天皇の死去に際し、伊勢に派遣された固関使《こげんし》に関するものである。固関使に任ぜられた源満仲が病気による辞退を認められたのに対し、当時相模権介であった千晴は辞退を認められなかったという。

先にもふれたが、当時、藤原北家側と高明側との対立が激化しており、村上天皇の死去に伴う冷泉天皇の践祚と同時に、皇太子をめぐる激しい暗闘が始まっていた。すなわち、次代の外戚を目指し、冷泉の次弟で高明の女婿である為平親王、あるいはその弟の守平親王のいずれを立坊《りつぼう》させるかという鋭い対立が生まれていたのである。この対立は、九月一日に為平を斥けて守平が立坊したことで、高明の野望が挫かれる結果となったことは先述した。

したがって、対立の真っ只中ともいうべきこの時期、両陣営の爪牙ともいうべき満仲・千晴は、ともに京を離れることを忌避したのであろう。満仲のみが辞退を認められたことは、すでに満仲が藤原北家側に立ち、その保護を受けていたことを物語るのではないだろうか。満仲は、この時点で前哨戦

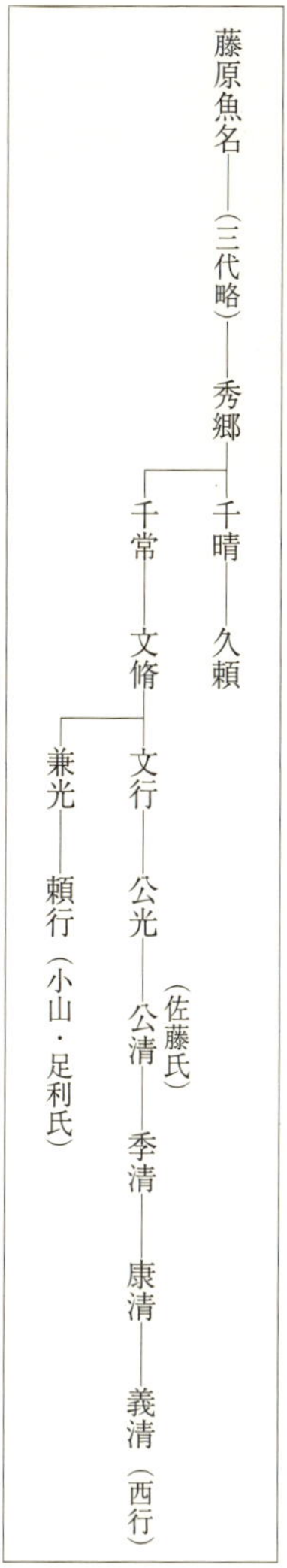

藤原秀郷流系図

に勝利したと言えよう。

承平・天慶の乱において、彼の父経基とは比べ物にならない功績を挙げた秀郷の息子の上洛は、京における軍事貴族として名声を確立し始めていた満仲にとって大きな脅威であった。高明と千晴との緊密な結合に対抗するためにも、藤原北家との連繫は不可欠であり、高明を打倒する安和の変こそは、同時に千晴を失脚させる千載一遇の好機であった。これによって、満仲は京における軍事貴族第一人者の地位を確立したことになる。

安和の変には、京における軍事貴族の第一人者をめぐる抗争という性格が存した。しかし、満仲と千晴との対立はそれだけではなかった。野口実氏によると、

武蔵をめぐる対立

両者の間には武蔵をめぐる厳しい対立もあったという。以下、氏の見解を紹介してゆくことにする。

将門の乱後、秀郷は本来の所領が存在する下野国とともに、彼には新天地ともいうべき武蔵国の国守に就任した。武蔵は優秀な馬を産する牧《まき》を多く有し、さらに水陸の交通の要衝で、軍事貴族には特別な魅力を有する国であった。秀郷が国守就任を奇貨として勢力の扶植を図ったのは当然であった。

しかし、武蔵国進出を狙う勢力は少なくなく、同国をめぐって諸勢力の競合が見られた。安和の変の前年には前武蔵権介平義盛と千晴が紛争を惹起している。義盛は、盛という通字から、桓武平氏一門の可能性が高いとされる。さらに、安和の変における満仲とならぶ密告者藤原善時も武蔵介であった。秀郷の勢力を継承し私的な勢威をふるう千晴と、国司就任を契機に勢力扶植をめざす軍事貴族たちとの対立が想定されるという。

さらに、満仲も先述のように応和元年（九六一）段階で武蔵権守であったし、いうまでもなく父経基も——不名誉な結果になったとは言え——武蔵介に就任した経歴もある。そして、時期は下るが弟満正（満政）もまた武蔵守となっており、武門源氏一門も武蔵に対して強い関心を有していたものと考えられる。満仲と善時が、そろって密告者となった背景には、武蔵において両者がともに千晴と対立していた可能性が指摘されている。

また、『尊卑分脈』によると、武蔵に拠点をおいていた嵯峨源氏の武将源宛《あつる》の息子綱《つな》が、満仲の女婿仁明源氏の敦の養子となり、さらには頼光の郎等となったとされる。ここに見える宛と敦について、野口氏は同一人物と見ている。第五章で述べるように、この伝承を虚構とする説もあるが、満仲が武蔵に進出したのは事実であり、武蔵の軍事貴族の組織化が行われた可能性は高い。

安和の変後の四月三日、先述のように、朝廷は下野の千晴の党類に鎮撫《ちんぶ》の官符を下している。このことは東国における秀郷流と、満仲をはじめとする他の軍事貴族の勢力抗争が深刻であり、事件の遠因となったことを物語るとされる。

以上のように、野口氏は断片的な史料を通して、武蔵をめぐる軍事貴族の抗争を様々な局面から見事に浮き彫りにされた。武蔵国を舞台に渦巻いた軍事貴族の対立が、安和の変の背景に伏在していたことになる。

さて、冒頭に述べたように、承平・天慶の乱は中央における中心的な軍事貴族を確立した。しかし、秀郷流は坂東に強大な基盤を有したとはいえ、中央への進出は実現していなかったし、逆に経基の子満仲は京で活躍の場を得たものの、地方の基盤を有していなかった。その両者が、安和の変の直前には、京と武蔵で互いの勢力基盤を浸食し合う状況にあったことになる。

安和の変という中央政界が分裂する大規模な政変を契機として、こうした抗争の決着が、一挙に図られたと言えるのではないだろうか。満仲が密告者という、一種陰湿な役割をあえて担うに至った原因は、ここにあったと考えられる。

大乱の余波

安和の変は、京における軍事貴族の勢力地図を大きく変化させる。

千晴父子を失った秀郷流が、すっかり没落したわけではない。すでに野口実氏が解明されたように、千晴の弟千常の系統が京で軍事貴族の地位を保持し、千常とその子文脩《ふみなが》が鎮守府将軍となったほか、その子文行《ふみゆき》も道長に奉仕している。この系統は、紀伊国田仲荘の預所に就任、同荘を経済基盤とし、佐藤氏を称して京で活躍することになる。

『愚管抄』によると、白河院は輔仁《すけひと》親王派の襲撃に備えて、鳥羽天皇の警護のために内裏に三人の検非違使を宿直させたという。その一人、「保清」は文行から五代目にあたる康清のこととされ、その子が歌人として名を成した西行であった。康清とともに宿直したのは、美濃源氏の光信、河内源氏の為義という名だたる武門の当主であり、当時、康清の武力が重視されていたことがわかる。また、彼の系統は代々北面として歴代の院に奉仕しており、院とも強い結びつきを有していた。

このように秀郷流は京における地位を保持はしたが、強訴の防禦や地方における追討などの大規模な軍事行動に起用されることはなく、摂関時代の河内源氏、院政期の伊勢平氏のはるか後塵を拝するに過ぎない存在となってしまったのである。安和の変による千晴の失脚が、秀郷流の発展を大きく阻害したことは疑いない。

他方、満仲は得意の絶頂に立つことになる。密告の恩賞で正五位下に昇進、父に並んだことは前述の通り。『系図纂要』は内昇殿に至ったとするが、これは確実な史料で確認することはできない。官職面では、変からあまり遠くない時期に、当時富裕な国とされた越前守に就任している。以後彼は、常陸、再度の摂津と、出家に至るまで、ほぼ連続して受領の地位を保持してゆくことになるのである。

しかし、またしても「好事魔多し」という諺が当てはまる事件が起こる。すでに越前守の任期を終えていた天延元年（九七三）四月、再び彼の邸宅に強盗が押し入ることになる。十二年前の応和元年の事件と異なり、今回の強盗ははるかに手荒であった。まず彼らは満仲邸を包囲して放火し、おそらく近隣の住人で、抵抗した越後守宮道弘氏《みやじのひろうじ》を射殺してしまった。さらに、火事は周辺に拡大し、『日本紀略』（二十四日条）では三百軒、当時蔵人であった平親信の日記『親信卿記』（二十三日条）によると、何と五百軒もの家に延焼するに至ったという。

朝廷は事態を深刻に受け止め、特別に宣旨を下して「武芸に堪《た》ふる」者たちを陣頭に招集するに至った（『日本紀略』）。ちょうど、十三年前、将門の息子入京の噂がたった時と同様、官職と無関係に武勇に優れた者が動員されたのである。この措置は、まさに非常事態が宣言されたことを意味している。

嫌疑人は、弟で右衛門少尉の満季が捕らえた（『親信卿記』）が、それが誰なのか、また真犯人だったのかどうか、記録は黙して語らない。ただ、想像を逞しくするなら、犯人が相当な武力を有し、包囲して放火するという実戦的な手段を講じていることから、彼らは東国などの自力救済の世界に生きる武士ではあるまいか。まだ安和の変から四年足らずの時期ということを考えれば、変で失脚させられた千晴らの残党による襲撃の可能性も否定できない。前回の強盗事件と異なり満仲自身の動きが見えないのは、後述する所領多田に出掛けていたためではなかろうか。おそらく、犯人らは満仲不在の時期を狙って襲撃したものと思われる。

なお、火事で類焼した範囲は、北が上東門南半丁、南は陽明門、東が小代小路、西が西洞院通りとある。したがって、火元となった満仲の邸宅も、この範囲ということになり、左京の一条と二条に挟まれた最高級住宅街の一角に所在したのである。父経基が京の南の外れに居住したことを考えれば、随分と格が上昇したことになる。受領として築いた財力や、藤原北家の有力者たちとの交流がものを言ったのであろうか。

さて、満仲は藤原北家に奉仕して政治的地位を確立するとともに、対立する藤原千晴を失脚させ、京における軍事貴族の第一人者の地位を固めた。本章冒頭に述べたように、彼が武門源氏の祖として重視された原因は、ここにあったと考えられる。しかし、それだけではない。

この放火事件の三年前、満仲は彼の所領に一宇の寺院を建立したとされる。それが多田院であった。多田こそは、満仲の拠点として知られ、さらには源氏発祥の地とさえ称されている。経基の段階には見られなかった所領を、満仲は開発したのである。次に所領の実態や、それが有した意味について論じることにしたい。

第三章　満仲と多田

1　満仲の出家

多田進出

満仲と多田との関係を示す最初の史料は、『帝王編年記』天禄元年（九七〇）条である。すなわち、満仲が摂津国川辺郡に多田院を建立したことを伝える記事に他ならない。これによると、中尊の丈六釈迦像を満仲が造営したほか、文殊菩薩像を頼光、普賢菩薩像を頼親、四天王像を頼信が、それぞれ造営し、導師は天台座主であった慈恵大僧正、すなわち良源《りょうげん》が勤仕したという。一門の総力を挙げ、天下第一の高僧を迎えた盛大な落慶法要が営まれたことになる。

しかし、同書はかなり後世の編纂史料でもあり、記述の信憑性には問題がある。だいたい、当時まだ五位に過ぎない満仲が、果して私的な寺院の落慶法要に天台座主まで招聘できたのか。通説では天暦二年（九四八）生まれとされる頼光はともかく、他の頼親・頼信らはまだ生まれて間もないころであり、彼らが仏像を造立できたとは考え難い。当初から多数の仏像を有した大伽藍だったとはとうてい考えられない。しかも、後述するように、満仲出家に関する史料にも、多田院の名前は見えないのである。かりに寺院があったとしても、おそらくは館に付属した小規模なものではなかったろうか。

むろん、多田は後述するように郎等の居住地として、満仲の軍事貴族としての活動を支える面もあった。したがって、この十年前の段階で軍事貴族として名を知られていた満仲は、これ以前に多田に進出していたと見るべきであろう。もし、この時に多田院が創建されたとすれば、住人らを精神的に支配する手段という意味合いも存したのではないか。

現在の多田神社境内

しかし、満仲が多田にいつ進出したのか、またどうして着目したのかについては、交通の要衝、銀や銅の採掘などが理由として挙げられているが、いずれも推測の域を出るものではない。永観元年（九八三）に摂津守に還任したとあり、それ以前にも同守に就任したことがわかるが、その時期が判明しないので、多田進出との連関は不明である。

なお、多田院文書の「摂州河辺郡多田院縁起」には、満仲が安和元年（九六八）に京を出て住吉社に参詣した際、霊夢に現れた明神の放った鏑矢《かぶらや》に従って多田に到達し、大蛇を退治してこの地を支配したという伝説を記している。多田の開発に住吉社の勢力が関係したこと、開発に際して抵抗する勢力を排除したことなどを示唆するが、それ以上に踏み込むだけの史料は残されていない。

ただ、本書の冒頭にも述べたように、多田の地は京にも近く、幹線交通路や水路にも近接しているが、山懐に抱かれた独立性の強い小宇宙のような地域である。こうした地域を所領とし、武士団の基盤とするのは、これ以後在京した軍事貴族たちに共通する現象であった。すなわち、満仲の息子たちも、次男頼親が大和国宇智郡に、三男頼信が河内国石川郡にそれぞれ進出しているし、桓武平氏は伊賀・伊勢に拠点を築くことになる。桓武平氏の場合、すでに貞盛のころから、伊勢の北部から尾張にかけての地域を拠点としたと考えられている。本来の拠点である東国に居住する郎等を期待していたのでは、在京活動に間に合わないのは言うまでもない。

貞盛にせよ、満仲にせよ、中央の軍事貴族として京における軍事活動を活発化させていた。とくに、官職と無関係に動員されるとなると、私的な集団を不可欠とするだけに、武装集団を居住させ、その訓練を行うための拠点の形成を始めたのであろう。その具体的な様相や意味については、後述することにしたい。

京と多田

多田を開発し、寺院を建立したからといって、満仲がすっかりこの地に居を移したわけではないし、ましてや政界を引退したわけでもない。ではどのような生活をしていたのであろうか。

かつて戸田芳実氏は平安時代における武士の居住形態を、京との関わり方で二つに分類された。す

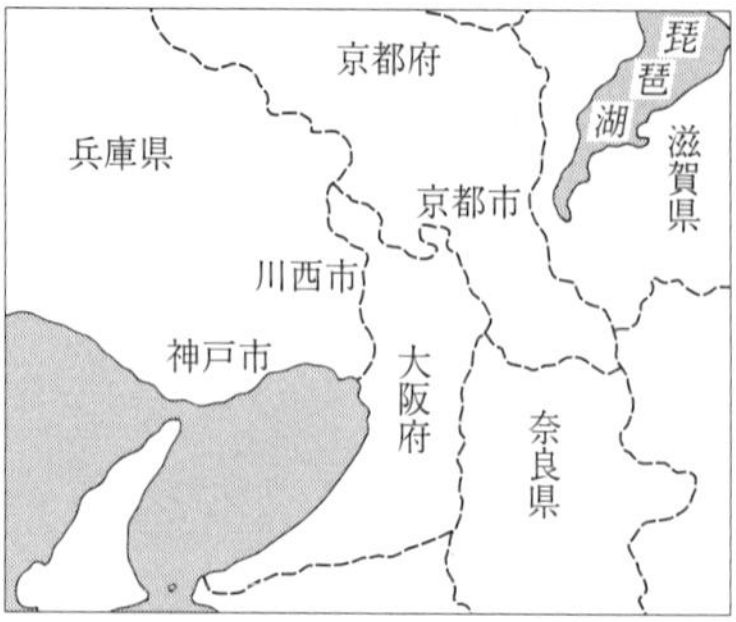

現在の多田（川西市）位置関係

なわち、京における政治的地位を喪失して地方の所領に居住し、単なる地方武士になってしまう土着と、地方に所領を有する一方で、それを基盤としながら京の政界に関与し、京にも邸宅を有している留住の二種類である。

たとえば、源平などの軍事貴族の出身でも、中央の政治的地位を失い在庁官人や荘官などとして地方に土着した者は、単なる地方武士に転落し、身分も六位程度に低落してしまうのである。鎌倉幕府成立に際して頼朝の下に馳せ参じた東国武士たちは、おおむねこうした存在であった。北条時政は桓武平氏の出身であるが、所詮は伊豆国を離れたことのない在庁官人でしかなかった。

これに対し、伊勢平氏・河内源氏などのように、基本的に五位以上の官位を有し、中央で活躍した軍事貴族は後者の留住の形態を取る。たとえば、平清盛は六波羅に居住しており、伊賀や伊勢に居住したわけではない。いわゆる武家棟梁として諸国の武士の統率者となった者は、つねに中央における政治的地位を保持しており、けっして土着することはなかったのである。先述の秀郷を除き、武士が地方に居住したままで中央の官位を帯びるのは、源平争乱の最中の頼朝以降のことになる。

満仲の場合も、もちろん留住であった。先述したように、多田院開創後とされる天延元年（九七三）四月に京の邸宅が強盗に襲われており、依然として京に邸宅を有していた。また、彼は受領に継続して就任しており、朝廷に仕える貴族の立場にあった。したがって、彼は多田と京で、いわば「二股生活」をしていたことになる。貴族として朝廷に出仕したり、任国に下向する必要もあったから、出家するまでの時期、多田に下向した期間はおそらく限られたものであったと考えられる。彼が在京している間は、おそらく腹心か一族の者が多田の地を管理していたのであろう。

満仲は、安和の変の功績によるものか、以後再三受領に就任している。京の邸宅が強盗に襲われた当時、「前越前守」であったことは先述した。ついで『小右記』天元五年（九八二）三月五日条によると、彼は常陸介に在任している。常陸は親王任国であるために、守は親王が任ぜられる名誉職で、介が他国における守に相当している。武蔵国など、東国に関心を有した満仲にしてみれば、常陸の受領となることで東国武士との連繋を求めたのかもしれない。また、この時に得られた見聞が「家の伝」となり、のちに常陸介として赴任した三男頼信にもたらされたものと考えられる。

さらに、『勅撰作者部類』によると、満仲は永観元年（九八三）三月二十五日に摂津守に還任《げんにん》している。還任とあるように、摂津守には再度の任官であったが、最初の摂津守就任の時期は不明である。満仲は四年後の永延元年（九八七）の八月に出家して、政界を引退しているので、この摂津守が彼の受領生活の最後となったはずである。

すでに、多田に所領を有していた満仲にとって、摂津守就任は所領の拡大など、大きな便宜があったと考えられる。後述するように、当時は所領を有する者を所領所在地の受領に任じないという原則があった。それだけに、摂津に所領を有した満仲が摂津守となった背景には、彼の強い希望もさるこ

となが ら、有力者の支援があったものと考えられる。その有力者とは誰であったのか。彼が出家を遂げる前年、それを示唆する事件が発生している。

満仲が出家して政界を退くのは、永延元年（九八七）八月十六日のことであった。

花山天皇の退位

その前年の寛和二年（九八六）六月、一つの政変が勃発した。花山天皇が突然出家し、退位に追い込まれたのである。

この前年、花山天皇は藤原為光の娘で、寵愛深かった弘徽殿《こきでん》の女御忯子を病気により失った。芳紀《ほうき》まさに十七歳、妊娠七カ月目であった。その衝撃に憔悴する天皇に同情するふりをして、ともに出家することをもちかけたのは、五位蔵人として近侍していた道兼である。彼は、右大臣兼家の息男であった。天皇は急遽山科の元慶寺に赴き出家するが、一緒に出家する約束だった道兼は途中で姿を消した。まんまと天皇は騙されてしまったのである。

天皇の出家によって即位したのは懐仁《やすひと》親王。右大臣兼家の外孫であった。いうまでもなく、この事件は外孫の即位を企図した兼家の謀略に他ならない。花山天皇は冷泉天皇の第一皇子、その外祖父伊尹《これまさ》はすでにこの世を去っていた。有力な外戚がなかったことが、兼家や道兼に付け入る隙を与えた原因であった。

一方、兼家はかつて安和の変にも関与したとされるなど、師輔《もろすけ》の息子たちの中でも政治的手腕を謳われていた。ところが、天祿三年（九七二）、兄伊尹の死去に際して、亡き国母安子の遺言によって官位で劣っていた兄兼通に関白の座を奪われ、さらに兼通死去の際にも、彼との確執から実頼の子である従兄弟頼忠に関白を奪われるという屈辱を味わっていた。伊尹の死去から、すでに十年以上に及ぶ雌伏を余儀なくされていたのである。

しかし、円融天皇に入内させた娘詮子は懐仁親王、冷泉天皇に入内させた娘超子は居貞《いやさだ》親王という二人の外孫を生んでおり、すでに懐仁を立太子させていた。したがって、花山天皇を退位させることができれば、天皇の外祖父の立場となり、外戚関係のない頼忠を関白から引きずり下ろすことが可能であった。その兼家もすでに五十八歳、外祖父目前で死去した父の年齢を五歳も越えている。それだけに、強引な外孫の擁立は、長年の悲願ともいうべき摂政就任を目指した最後の手段だったのである。

この事件に際して、天皇を護衛——というよりも護送し、邪魔者の介入を防いだのが「なにがしといふいみじき源氏の武者たち」であったという（『大鏡』）。兼家は花山天皇の腹心藤原惟成を婿に迎え、天皇の周辺に接近する動きも見せている（『古事談』）。しかし、安和の変以前と同様、複数の主君・権門に仕えるのは当時としては当然のことで、花山天皇派であったことにはならない。

また、元来安和の変で密告者の役割を果して以来、当然兼家と満仲には政治的な連係があったと考えられる。そして、次代の外戚としてミウチ政治の中心となることが確実な兼家に、機を見るに敏な満仲が接近するのも当然と言えよう。ここで、武門源氏が加担して謀略が成功すれば、強大な権力を握るであろう兼家のもと、息子たちの将来は約束されたようなものであった。

かくして、源氏の武士たちの協力もあって陰謀は成就し、花山天皇は出家、退位し、懐仁親王が皇位についたのである。若くして出家した花山法皇は、その年のうちに高名な聖性空《しょうくう》を訪ねて播磨の

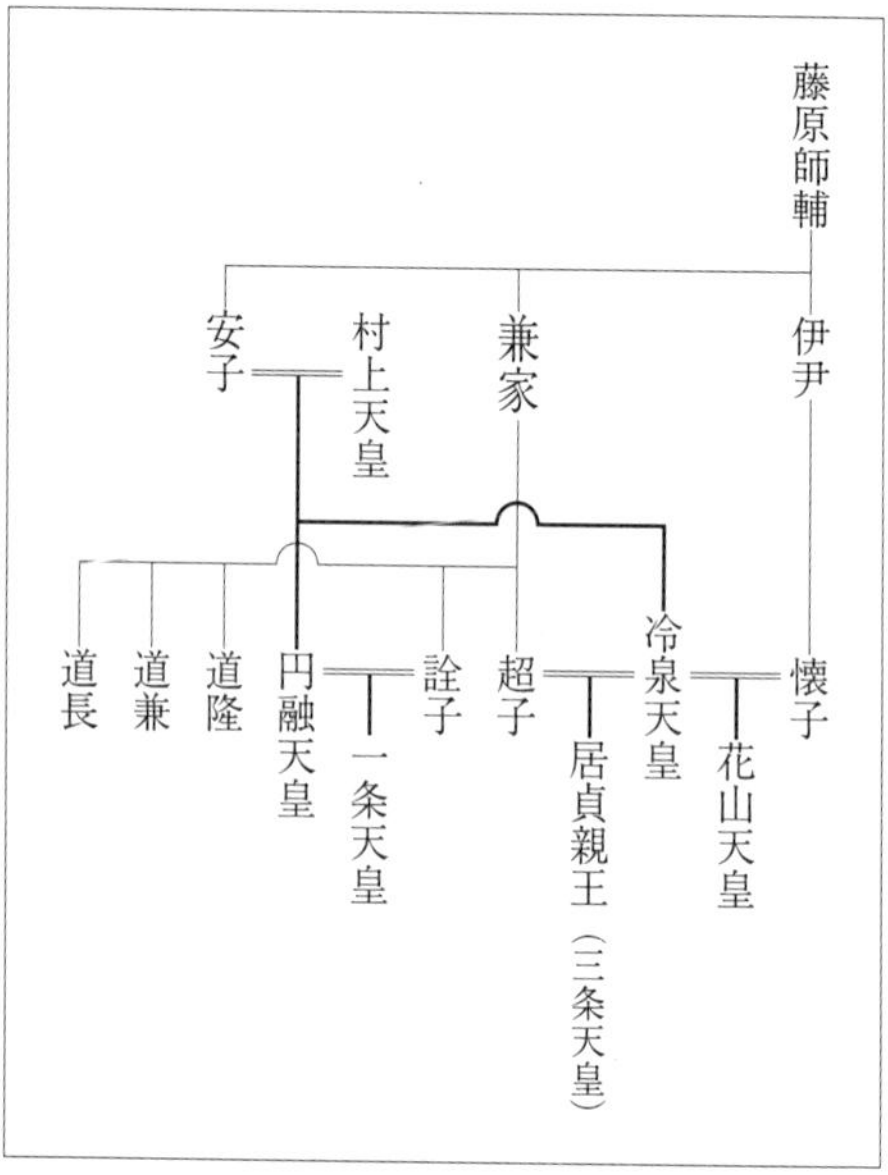

兼家の外戚関係

円教寺に参詣したのを始め、熊野など、諸国の名刹に赴くことになる。「摂州河辺郡多田院縁起」には、法皇は多田院にも臨幸したとあるが、他の史料から裏付けることはできないし、満仲の一族が強引な退位に一役買った経緯などから考えて、にわかに信ずることはできない。

一方、懐仁、すなわち一条天皇を即位させ、居貞、のちの三条天皇を立坊させた兼家は、ただちに頼忠を関白から放逐した。そして、清和天皇の外祖父良房以来およそ百三十年ぶりに、外祖父にして摂政の座に就くに至った。兼家は、摂関を独自の官職として太政大臣から分離させたほか、子弟の官位を急激に上昇させるなど、摂関の権威を著しく向上させて、摂関政治全盛の幕を切って落としたのである。

その下で、頼光は居貞親王の春宮権大進に就任、頼信は政変の実行犯ともいうべき道兼の家人として密接な関係を築いた。彼らこそが「源氏の武者たち」であったことは言うまでもないだろう。息子たちの行動を統括したのが、満仲であったと考えられる。かくして、息子たちの政治的立場の確立を見届けた満仲は、翌年、安堵したかのように出家を果たしたのである。

出家と源賢

満仲の出家の逸話は、『今昔物語集』巻十九ノ四「摂津守源満仲、出家語」が詳述していることで余りにも有名であるが、確実な史料からも確認することができる。すなわち、三条西家重書古文書に引用された『小右記』逸文の永延元年（九八七）八月十六日条に、次のような記述がある。

> 前摂津守満中《ママ》朝臣、多田の宅において出家すと云々。同じく出家の者十六人、尼三十余人と云々。満中《ママ》、殺生放逸の者なり。しかるに忽ち菩提心をおこし、出家するところなり。

これによると、満仲は多田にあった「宅」で出家している。『帝王編年記』の多田院建立の記事のように、天台座主を招いて落慶をしたような大寺院ならば、その名称を記すはずである。『今昔物語集』でも、出家の場所は館であり、のちに寺院を建立したとする。先述のように、天禄元年（九七〇）に大々的に多田院の落慶法要が行われたという記述には疑問が持たれる。多田院が寺院として本格的に整備されたのは、出家以後と考えるべきであろう。

出家に関する関連記事はなく、出家の意思を固めた経緯はこれ以上はわからない。おそらくは、先述のように、兼家の権力確立と、息子たちの活躍を見届けたことと関係するものと思われる。彼の法名は「満慶」という。

「殺生放逸の者」とは、すなわち殺生を好き勝手に行う者という批判である。外部に閉ざされた多田の地で、狩猟に明け暮れる生活を送る満仲を指弾したのであろう。そうした生活を送っていた彼が、突然菩提心を起こして出家するという内容は、『今昔物語集』の説話と合致している。この記事は、当時の貴族たちの武士に対する最大の批判が、まさに殺生という点にこそあったことを明示する。

もっとも、『今昔物語集』の中で、殺生を悔いて出家した武士の説話は満仲のもののみで、他には貴族・土豪・郎等などが見えるに過ぎない。武士はむしろ、ケガレや怪異、賊徒から貴族社会を防ぐ、勇猛、剛胆、かつ賢明な存在として描かれている。その意味で、武士の殺生に対する貴族の嫌悪をあまりに強調するのは正しくない。

実資が『小右記』に記した満仲批判は、武士に対する一般的な感慨というよりも、後述するように治外法権的な世界である多田で、多くの殺生がなされたこと、さらには実資の小野宮流を凌いで政権を独占する師輔の子孫九条流に伺候していたことに対する反感から出た批判であろう。

一方、『今昔物語集』では、満仲の出家についての説話は以下のような物語となっている。

満仲の息子で延暦寺の僧源賢は、長年にわたる父の余りに残酷な殺生の様子を悲しみ、父を出家させるために師源信《げんしん》の支援を仰いだ。源信は親しい覚運（覚雲か）、のちの天台座主院源を伴い、源賢とともに偶然を装って多田を訪れ、満仲を前に経典や仏像の供養と説教を行った。これに感動した満仲は、ついに出家を決意した。

一夜明けた翌朝、彼が出家すると、「親しき郎等五十余人」も共に出家し、同時に鷹を放ち、簗を破却し、武具も焼き捨てるなど、殺生の道具を放棄した。さらに、源信らは弟子たちに、菩薩の扮装で楽を奏でさせると、満仲は声をあげて泣き、板敷より転がるように庭に下りて礼拝した。のちに、満仲の館は寺院になったという。


所詮、説話の内容だけに、これを事実とすることは困難である。ただ、源賢が延暦寺系の高僧であったことは疑いない。『今昔物語集』には飯室僧正尋禅の弟子とあるが、『御堂関白記』長和元年（一〇一二）十月十六日条では「良源僧正入室の弟子」とあり、花山天皇出家の舞台となった元慶寺別当に補任されている。彼や延暦寺関係の僧侶が満仲に出家を勧めた可能性は高いと言えよう。

なお、この源賢は、『尊卑分脈』によると満仲の三男とされ、先述のように母は頼光と同じ源俊の娘であったという。「小笠原系図」は恵信僧都源信の弟子とし、当初「一山第一の暴悪児」であったが、のちに延暦寺において源信の弟子となり、長ずるに及んで仏法の奥義を究める高僧となったと記されている。彼は法眼にまで上り、寛仁四年（一〇二〇）に死去した。和歌にも長けて『源賢法眼集』という和歌集を残している。

後世の伝承によると、彼の幼名は美女丸とされ、幼少のころ、修行を怠ったことから父満仲に殺されかけた時に、満仲の郎等中務《なかつかさの》仲光《なかみつ》がわが子幸寿丸を身代わりにしたという。若いころの不品行を反映した物語かも知れない。

ちなみに、『尊卑分脈』によると、満仲の息子たちには源賢以外にも阿闍梨頼尋《らいじん》がいた。のちにも、政変で失脚した者の子供が僧になったり、武力を生かして悪僧となるなど、武士の子弟が僧侶となった例はあるが、当初から僧侶を目指し、かなりの高僧となったのは、この時期の特色と言えよう。武士の子弟が武門に限定されなかったこと、武士が仏教の世界に意外な親近感を有していたことを物語る。

次に、満仲の出家から遡《さかのぼ》り、『今昔物語集』の説話の内容を通して、出家前の満仲が行った殺生、そして多田の所領における支配について検討することにしたい。

2 所領と武力

満仲の殺生

『今昔物語集』に見える満仲の殺生は、むろん説話の世界であるから、そのまま全てを真実とすることは困難である。しかし、先述の『小右記』に「殺生放逸の者」と記されていることから見ても、ある程度の事実を反映していると考えるべきであろう。彼が行った殺生には二種類があった。一つは狩猟・漁労にともなう生き物に対する殺生、もう一つは罪人を斬首したり、手足を切断するという、処罰としての殺生である。

前者を具体的に見てゆくと、その最大の殺生とされたのが鷹の夏飼であった。「鷹四五十ヲ繫《つなぎ》テ夏飼セサスルニ、殺生量無《はかりな》シ。鷹ノ夏飼ト云フハ、生命ヲ断ツ第一ノ事也」として、源賢は父の所業を嘆いている。夏飼とは狩猟用に鷹の子供を育成することだが、この言葉から、いかに多くの鳥獣が餌となっていたのかが窺われよう。

しかし、これは単に満仲が勝手に飼育していたわけではない。先述のように、満仲は康保二年（九六五）七月、村上天皇の命で鷹飼に補任されていた。天皇に対する忠実な奉仕が多くの殺生をもたらした面もあったと言える。

さらに、源賢は父の罪悪について、次のように述べている。

河共ニ簗《やな》ヲ令打《うたしめ》テ、多ノ魚ヲ捕リ、亦、多ノ鷲ヲ飼テ、生類ヲ令食《くわし》メ、亦、常ニ海ニ網ヲ令曳《ひかしめ》、数《あまた》ノ郎等ヲ山ニ遣《やり》、鹿ヲ令狩《からしむ》ル事隙無シ。

海に面していない多田で、常に海で網を引いたとするのは疑問で、恐らくは河・空・山に対比するための修辞と考えられる。事ほど左様に、この叙述を細かく分析することには限界があるが、ただ注意されることは、狩猟は単に娯楽や食用に行っていたわけではない点である。

後述するように、満仲の嫡男頼光は、狩猟から長く離れて弓射に対する自信を失ったとされる。いうまでもなく、狩猟には軍事訓練という意味があった。山に郎等を多数派遣して鹿狩を行わせたのも、彼らの訓練以外の何ものでもない。所領は、そうした郎等たちの居住地であるとともに、訓練の場で

多田神社付近の猪名川

もあった。

当時、京では非職《ひしき》の者、すなわち武的な官職に就いていない者の武器携帯は厳しく禁じられており、軍事訓練など行うことは困難であった。私的な武装集団の形成と、京近郊の所領形成は不可分だったと考えられる。彼らは京における非常事態に際して、ただちに動員されることになっていたのである。

『今昔物語集』によると、出家の前夜、調度を背負い甲冑に身を固めた四～五百人の郎等が満仲の館を囲繞《いじょう》して警護に当たり、年来仕えた親しき郎等五十名余りがともに出家を遂げたという。出家の実数は十六人であり、数値には誇張があるようだが、多田に郎等が随行しており、ともに出家する者がいたことは事実である。

さらに、次の部分に注目したい。

我ガ心ニ違フ者有レバ、虫ナドヲ殺ス様ニ殺シツ。少シ宜シト思フ罪ニハ足手ヲ切ル

ここで虫けらのように殺されたのは、満仲の心に違う者であって、単なる犯罪者ではない。すなわ

ち、主命に背いた郎等を意味するのである。軍事的な訓練の場では、死刑や手足の切断という残忍な私刑が行われていたことになる。いうまでもなく、公家法の世界では死刑は忌避されていた。したがって、多田には治外法権ともいうべき独自の法圏が形成されていたのである。

また、このことは、死と隣り合わせという軍事訓練の厳しさにもかかわらず、それでもなお満仲に従属した郎等たちの忠実さ、あるいは隷属性の強さを浮き彫りにする。同時に、東国で展開されたような、生命を賭した自力救済の世界に匹敵する、緊張感が漲った厳格な軍事訓練が行われていたものと考えられる——。

以上はあくまでも『今昔物語集』の説話の内容であり、同書が成立したとされる院政期における武士団の様相を記したものと推測されている。そこで、他の史料や、満仲以外の武士の事例なども取り上げて、所領が有した意味について検討することにしたい。

郎等の居住地

満仲が出家してから百年余りを経た寛治五年（一〇九一）六月、彼の曾孫相互が京で合戦を企てた。前九年・後三年合戦平定の立役者、八幡太郎義家とその弟賀茂次郎義綱である。彼らが同母兄弟の誼を越え、京という場所柄も弁えずに合戦を企てた原因は、河内国における所領をめぐる郎等相互の抗争にあったという（『後二条師通記』六月十二日条）。

むろん、対立の背景には、後三年合戦後に立場を悪化させた義家と、摂関家と結んで台頭した義綱との政治的立場の相違なども関係したが、ともかくも合戦のきっかけとなったことから考えても、彼らの本拠河内国における所領と、その郎等が重要な意味を有したことが明らかである。

平安後期の京で活躍した軍事貴族たちは、すでに述べたように、いずれも京・畿内周辺に所領を有した。こうした所領は、いうまでもなく京における軍事活動のための武力基盤という意味をもったが、その主従関係において、所領に居住した武士団は大きな意味を有したと考えられる。

河内源氏の所領に居住する郎等は不明だが、伊勢平氏の伊賀や伊勢の所領に居住した武士団の具体的な様子は判明する。保元の乱に際し、清盛軍の中枢はまさに伊賀・伊勢の武士たちであり、京における軍事行動に際して、所領の郎等たちは員数的にも中心となっている。彼らが大きな意味を有したのは量の問題だけではない。全軍を鼓舞すべく勇猛に先陣を進んで命を落としたのも、伊勢の伊藤六や伊賀の山田是行であった（『保元物語』）。まさに、彼らは主従関係の精神的な面でも中心に位置する存在であったと言えよう。

日本中世の武士の主従関係について、佐藤進一氏は絶対随順的な関係の家人型と、双務契約的な関係にあった家礼型の二種が存したと述べられた。総じて前者は隷属的、後者は主君との身分差が小さい同盟に近い関係と理解される。一方、上横手雅敬氏は、家人型には身分が低く隷属する者と、身分は高いが主体的に主君に生命をも捧げる献身型とがあったと指摘された。前述の伊藤六の兄伊藤五こと藤原忠清は、源平争乱期の平氏の侍大将として活躍し、治承三年政変後には上総介という受領にも就任した軍事貴族であり、まさに献身型の典型と言えよう。

献身型といえば、『平家物語』において、機転によって清盛の父忠盛を闇討ちの窮地から救ったとされる平家貞もその典型である。彼も筑後守となる軍事貴族であったが、終生平氏一門に仕え、その主従関係の中枢を占めた。彼は伊賀国鞆田荘の沙汰人として、平氏本領の管理をも担当し、その地位は子息の家継にも継承された。家貞は忠盛・清盛に、家継は清盛・重盛にそれぞれ仕え、腹心となったのである。

まさに、これこそは重代相伝の主従関係であった。考えてみれば、所領は父から子へと重代相伝される。したがって、所領に居住する郎等たちも、当然重代相伝の主従関係を締結することになる。所領の郎等こそ、最も信頼厚い腹心であり、精強で忠実な武力を形成したのである。そして、こうした所領と武士団を継承したがゆえに、武門の性格は父子に相承され、消滅することはなかった。承平・天慶の乱以降の武士の家が、連綿と継続したのはこのためである。

武官への任官が消滅して武的性格を喪失した坂上氏や小野氏と、所領・主従関係を基本とする承平・天慶の乱以降の武門を同列に論じてよいのだろうか。史料用語で「武士」と表記されたり、単に個人的に武芸に堪能で朝廷に武士として奉仕したりする存在と、歴史学的な概念として理解される、中世・近世を通して存続する「武士」とは明らかに異なっている。所領・主従関係を前提とする軍事貴族は、近世に続く本当の意味での武士の嚆矢となったのである。

満仲の時代、もちろん武力組織はまだ幼弱なもので、『今昔物語集』に見える「宗ト有ル郎等」「年来仕ケル親キ郎等」といった区別はなかったであろうが、彼にとっての多田も、そうした忠実な郎等の居住地であったと考えられる。ともに出家した親しき郎等たちの多くは多田に居住していたことであろう。秀郷流や桓武平氏が、東国に、あるいは伊勢に有した武門としての基盤を、満仲は多田に得たと言える。多田はその意味で、武門源氏の基盤であり、息子頼光やその系統、また独自の所領を形成するまでの頼親や頼信たちの軍事行動を支えることになったのである。

言い換えれば、多田は武門源氏を武門たらしめた所領となった。単に摂津源氏の基盤というだけではなく、武門源氏全体にとって象徴的な意味を有した。それゆえに、文治元年（一一八五）六月、平氏を滅ぼして源平争乱に勝利を収めた頼朝は、この地を強引に奪取しなければならなかった。そして、先述のように、満仲が武門源氏の祖と称された原因も、まさにこの多田の所領を開発したためだったのである。

イエ支配

次に、多田における私刑について検討してみよう。将門の乱の当時も、国衙は将門らの辺境軍事貴族に対し、移牒《いちょう》という公的文書を送っていた。また、京では五位以上の館に検非違使は介入することができなかった。こうしたことから考えて、軍事貴族としての身分を有する者は、国衙や検非違使などの公権力から自立した性格を有していたと考えられる。その意味で、満仲のころから多田において、一定の治外法権的な性格は見られたであろうし、『今昔物語集』の世界に見えるような私刑が行われていたことは疑いないものと考えられる。

ところで、多田館と検非違使の関係を具体的に示す周知の史料が、『雑筆要集』に収録されている。同書は、多田源氏の子孫が作成に関係した、鎌倉前期成立の文例集で、具体的人名や日時などの多くは隠されているが、実際の文書に依拠したものとみられる。

その二十一として収められているのが、多田に逃げ込んだ強盗張本人を捕らえることを命じた多田館宛の「検非違使庁下文」である。これは、近衛・兵衛府に属して天皇以下の輿を担ぐ加(駕)輿丁《かよちょう》であった友久という者から出された、以下のような訴えによって発給されたものであった。

去る夜、大強盗が友久宅に乱入し、妻子二人を殺害してしまった。これを追撃し、手負いの一人を捕らえて尋問したところ、多田蔵人満重の郎従であった。彼らは私の威を振るって近隣住人の命を奪っているので、早く捕らえてほしい。

この下文に対する返答が二十二として収められている請文である。これには次のような反論が記されている。

友久の申状は全くのでたらめで、近隣であったから力を合わせて強盗を追撃して、摂関家領、橘御園《たちばなのみその》に追い込んだし、捕らえた一名も同地の住人であった。したがって、この申状は自分を陥れるために無実を言上したものである。

いずれの言い分を真実とするのかは難しいが、ともかく多田の館の周辺は、検非違使という公権力の直接的な介入を拒絶する、一種の治外法権の世界となっていたことがわかる。こうした支配は、中世武士に共通するものであり、学術的には「イエ支配」などと称している。これを背景として、館周辺の所領では、独自の私刑が行使されて強固な主従関係が形成され、時として犯罪者ともなりうる武装集団が組織されていたと考えられる。

多田蔵人満重という人物は、「マンヂュウ」という音が共通することから、満仲のこととする解釈もあり、この史料を先述の『今昔物語集』を裏付けるものとする見方もある。しかし、『雑筆要集』の人名は仮名の場合が多く、満重をただちに満仲とみなすことは困難である。それに、満仲が蔵人になった形跡もない。また、満重が強盗を追い込んだとする、摂関家領橘御園の成立も十一世紀以降と考えられる。こうしたことから、満仲の時代よりかなり下った時期の出来事に関する史料ではないだろうか。

その意味で、ただちに満仲の活動を裏付ける史料とは言えないものの、満仲の段階から存在したであろう公権力からの自立性を具体的に示す史料として貴重なものと言えよう。多田の治外法権的な性格は長く継承されるが、同荘が摂関家領となると、十二世紀半ばには摂関家の私刑を担当する場所として利用されることになる。イエ支配は、単に武士団としての多田源氏のそれでなく、摂関家という荘園領主権門のイエ支配の一環に拡大されたのである。このことについては、第六章で詳述することにしたい。

その後の多田

武士の拠点として武装集団が居住し、狩猟に明け暮れるとともに、私刑が横行し、周辺にも武威を振るい威圧する。そんな世界が周囲から畏怖されるのは当然と言えよう。多田で暮らした満仲を、藤原実資が「殺生放逸の者」などと非難した原因もそこにあった。軍事貴族の所領の住人が周辺を侵略した例としては、美濃源氏の本領鶉郷の郷司や住人が、隣接する東大寺領茜部荘に強・窃盗を繰り返したものなどがある。周囲に対する脅威という点は、他の軍事貴族でも似たようなものではなかったか。

出家してから以後、満仲が多田でどのような活動をしたのか、史料は黙して語らない。おそらく、多田院では次第に堂塔も整備され、境界内の殺生も禁止されていたはずである。満仲もおそらく多田院において仏教三昧の生活を送っていたのではないだろうか。後述するように、正暦二年（九九一）、僧仁康《にんこう》の五時講に結縁したという逸話は、満仲の姿を彷彿とさせる。

彼に代わって京で活躍した嫡男頼光と、多田との関係を示す史料は残っていない。次章で詳述するように、頼光は有能な受領としての生涯を送っており、武的な活動はほとんど行っていないのである。また、頼光の郎等として名を残している面々には、東国出身の武士たちが目立っている。したがって、武的基盤として多田の所領に関与する必要もなかったと言えよう。

逆に言えば、満仲と所領との関係が話題となったのは、彼が所領の武力に依存したからであり、安和の変や花山天皇出家事件など、摂関政治確立の裏面で暗躍したためであった。緊急時に動員できたのは、まさに所領の武力だったのである。華やかな摂関政治全盛期に、経済的な奉仕を専らにした頼光やその子頼国は、所領の武力をたびたび利用する必要もなかったと言える。満仲の時代の暗躍と、頼光の表舞台における華々しい奉仕。武門源氏の光と影を象徴するように思われる。

むしろ、摂津国における所領との関係が注目されたのは満仲の次男、大和源氏の祖となる頼親であった。後述のように、彼は摂津の「土人のごとし」とまで評されており、摂津国との密接なつながりが窺われる。所領との関係が話題となったのは、彼が武的な性格を表出させていたことと無関係ではない。その所領と多田との関係は不明確であるが、父満仲の墳墓の所在地でもある多田は、おそらく頼光の系統が管理しており、独自の所領を開発したのであろう。

その頼親が大和に独自の所領を形成していったのに対し、多田を継承して「多田」を号したのは、満仲の曾孫頼綱である。頼綱の子孫こそが、紛うことなき多田源氏となる。頼綱について、『尊卑分脈』は頼国の五男とする一方で、満仲の七男頼範の子息としてもその名を掲げ、同一人物とする説も提示している。このため、頼範が多田を継承し、その子頼綱に譲渡したとする解釈も存在する。

本来五男である頼綱が後継者となった異常な事態については、第六章で詳述する。その父ともされる頼範は、『御堂関白記』寛弘八年（一〇一一）四月十五日によると、頼国とともに斎宮御禊《さいぐうごけい》に際して前駆をつとめ、道長から馬を与えられており、道長に近い立場にあった。『小右記』長和三年（一〇一四）正月十日条に右衛門尉を帯び、非蔵人として還昇を許され、同五年正月四日には退位する三条院の院蔵人に任じられている。

しかし、その後は史料にも全く登場せず、事績なども全く不明である。想像を逞しくすれば、在京活動をする頼光の指示で、弟頼範が所領を管理した可能性もある。弟など、一門に所領を管理させ、自身が京で活躍した例は院政期の軍事貴族にはよく見られた現象である。その頼範が多田の管理権を頼綱に譲渡したことから、系図でも父子関係と表現されたのかもしれないが、これは所詮臆測の域に止まる。
この頼綱のころ、多田の地は摂関家に寄進され、摂関家領多田荘として確立し、摂関家の家産機構に組み込まれる。そして多田源氏も、黄昏の摂関家と運命をともにしてゆくことになるのである。

3 満仲の晩年

武門源氏の確立

『尊卑分脈』に従えば、満仲は長徳三年（九九七）に死去したとされる。さきにもふれたが、出家後の事績として知られるのは、正暦二年（九九一）三月十八日に天台僧仁康が行った五時講に結縁したことのみである。五時講は五部の大乗経を次々と講演する法会で、仁康は亡父左大臣源融の邸宅を寺院とした河原院において、僧源信以下を迎えて開催している。満仲は、この法会に際して造立された釈迦像に、同じく武士で、平貞盛の息子維敏《これとし》らとともに、結縁・助成したとされる（『続古事談』）。仏教三昧の生活ぶりや、天台系の僧侶との密接な交流などが窺われる。

なお、『清獬眼抄《せいかいがんしょう》』によると、三条天皇の皇太子時代に、春宮の近辺の満仲の宅が火災にあったという。三条天皇は先述のように寛和二年（九八六）に立坊しており、この火災も翌年の満仲出家後の可能性が高い。事実とすると、天延元年（九七三）の強盗による放火以来の被災となるが、火災の際に左衛門権佐であったとされる橘為義には、この職についた形跡がなく、時期を特定することも、事実か否かを確定することもできない。

一方、彼の死去の直前とされる時期には、弟や子息たちが武門として活躍した事例を見出すことができる。まず、『日本紀略』『本朝世紀』正暦五年（九九四）三月六日条によると、この日、京中と諸国における盗人捜索が行われた。これは二月に相次いで発生した内裏放火事件に関連するものと考えられている。

『本朝世紀』の記述によると、上卿《しょうけい》の中納言藤原顕光らは旧来の通り儀式を行うとともに、別に「武勇人」あるいは「武者」と称された面々を動員している。「別に」とあるから、おそらく衛府や検非違使が動員され、それとは別に軍事貴族が招集されたのであろう。招集されたのは、源満正、平維《これ》将《まさ》、源頼親・頼信の四名である。官職と無関係に、武芸に優れた軍事貴族を動員したことになる。これは、かつて天徳四年（九六〇）に将門の息子入京の噂が流れた際に、満仲らが動員されたのと同じ形態ということになる。

このうち、満正は満仲の弟、いうまでもなく頼親・頼信は次男・三男である。満仲の当時、武門源氏は、動員された三人の一人に過ぎなかったのに対し、今回は四人中の三人を占めている。安和の変における秀郷流千晴の失脚といった軍事貴族相互の淘汰、卑姓の大蔵氏以下の地方下向などの結果と言えよう。なお、残る一人維将は貞盛の次男で、平忠常の乱平定に失敗する直方の祖父に当たる。

ついで、長徳二年（九九六）五月、藤原道長との政争に敗れた藤原伊周《これちか》・隆家兄弟が配流された際、すでに前章でふれたが、内裏警護に動員されたのは、前陸奥守平維叙《これのぶ》、左衛門尉維時《これとき》、そして前備前守頼光・前周防守頼親兄弟であった（『栄花物語』「浦々の別」）。維叙は貞盛の嫡男、維時は先述した維将の息子である。

今回は貞盛流と並立する形ではあるが、満仲一門は最精鋭武力として緊迫した政情に対処していたことになる。また、頼光・頼親兄弟が、すでに瀬戸内海沿岸という豊かな国の受領を経験していることから明白なように、満仲一門は官位の点で貞盛一門を大きく引き離していた。そして、摂関政治の時代を通して、政治的地位において貞盛流をはるかに凌駕し、武門の第一人者の地位を獲得するのである。

満仲は、安和の変や花山退位問題など、摂関政治確立の裏面に奉仕するとともに、多田に武力の拠点となる所領を開発することで、摂関政治を支える軍事貴族という立場を確立したことになる。経基段階ではまだ曖昧だった武門としての性格も、ここに確定したと言えよう。諸書において、満仲こそが武門源氏の祖とされるのも、このためである。

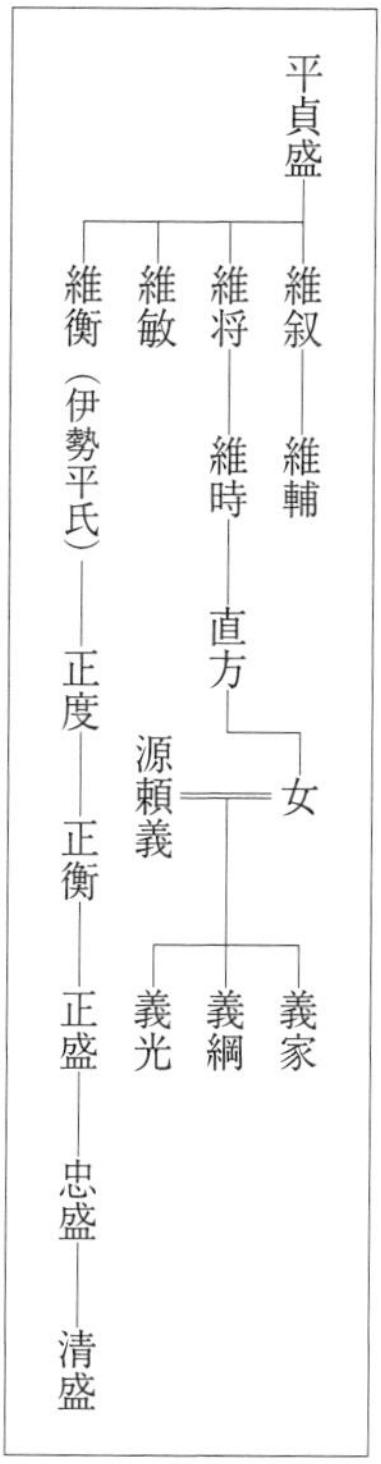

桓武平氏貞盛流系図

なお、先述のように満仲当時の武門は仏教との親近感もあったし、後述するように子孫の中には貴族化する者も現れるなど、貴族との境界もあいまいな面もあった。こうした段階の軍事貴族を「兵家貴族」と規定する。武士として、貴族と厳しく区分される院政期以降の武士とは、性格を異にしていた点は注意される。

満仲の死去は、伊周以下の配流事件が発生した翌年にあたるとされる。かくして、武門源氏も代替わりし、頼光をはじめとする満仲の子供たちの時代を迎えることになる。その、頼光の問題に移る前に、特徴的な活躍をした満仲の弟たちと、満仲の死去や挿話についてふれておくことにしたい。

満仲の弟たち

『尊卑分脈』などによると、満仲には多くの弟があったとされるが、そのうち、武士として活躍したことが判明するのは、すでに名前が出た満正と満季の二人である。『尊卑分脈』によると、ともに満仲の同母兄弟とされ、満正がすぐ下の、そして満季がその下の弟ということになっている。

まず、満正である。彼は、『尊卑分脈』に「満政」と記されているが、『御堂関白記』『小右記』をはじめとする、ほとんどの記録類に「満正」と記されているため、本書では「満正」に統一することにしたい。先述した『日本紀略』および『本朝世紀』の正暦五年（九九四）三月六日条に見える盗賊追捕に際し、武者として動員されたのが初見である。この当時、すでに有力な軍事貴族としての立場を確立していたことになる。

彼は、兄満仲が死去した翌年とされる長徳四年（九九八）二月二十三日に、武蔵の国司を勤めた功で従五位上に叙されている（『権記』）。なお、武蔵の地名を冠して「村岡大夫」と号している（『尊卑分脈』）ことから、同国に拠点を築いた可能性も指摘されているが、この地域における子孫の活動などは見られない。ついで、長保元年（九九九）正月七日には正五位下に昇進しており（『小右記』逸文）、さらに寛弘年間には陸奥守に在任していたことがわかる（『御堂関白記』寛弘五年三月二十七日条）。

同時に、道長にもたびたび奉仕している。たとえば、『御堂関白記』長保元年十二月二十六日条、寛弘元年（一〇〇四）十二月二十七日条にはそれぞれ馬十頭を贈ったことが見える。なお、同書寛弘六年十一月二十六日条には、一条にあった満正の邸宅が火災にあった旨が記されており、兄と同様、左京北部で上流貴族たちに混じって居住していたことが判明する。

このように、満正が活動した時期は満仲よりもかなり遅れており、その没後にも活躍していたことがわかる。また、満仲の子息たちは別個に活動を行ったことから、満正の子孫も軍事貴族として独自の地位を築くことになる。彼らが拠点としたのは主に近江・美濃・尾張方面で、美濃では摂津源氏一門である国房流の美濃源氏などと競合しながら、活発に活動している。

満正の曾孫重宗《しげむね》は義家の追討を受けて河内源氏に従属し、彼の孫重遠は義家の婿となり、またその弟重成は平治の乱で義朝と運命を共にしたとされる。一方、院にも接近し、重宗の子重実・重時兄弟は白河・鳥羽院の北面となり、とくに重時は相模国などの受領に就任している。さらに、承久の乱で京方となる山田氏は重宗の子孫に当たる。この一族は、京・畿内近郊の狭小な所領を基盤としながら、院に従属して軍事貴族として京で活躍するという、典型的な京武者の存在形態を示した。

満仲の二番目の弟とされる満季《みつすえ》は、先述のように安和の変に際して藤原千晴・久頼父子を追捕し、さらに天延元年（九七三）の満仲邸強盗・放火事件でも嫌疑人を捕らえている。したがって、満仲を

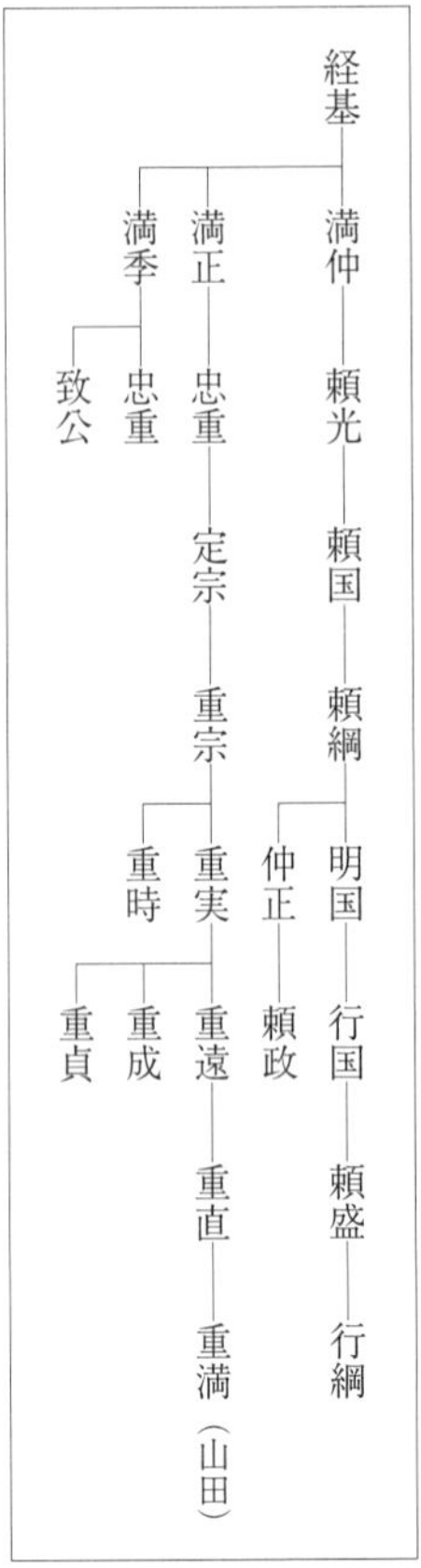

満仲と弟たちの系統

補佐しながら、同時代に活躍した人物であった。彼は、放火事件の前年の天禄三年（九七二）に、大夫尉に就任したが、大夫尉としては二例目であったという（『二中歴』）。非公式な立場で武者として活躍した兄満仲と対照的に、検非違使として公的に京の警察機能を担当していたことになる。

『御堂関白記』寛弘二年七月六日条によると、すでに彼は死去していたこと、左京北辺に家地があったことなどがわかる。やはり、兄たちと同じ地域に居住していたことになり、一族の集住を推察させる。道長のもとで活動した記録は見えず、かなり早い時期に世を去った可能性が高い。なお、彼の子息致公は永祚元年（九八九）に東宮居貞親王の蔵人となっているが（『小右記』）、その子孫に目立った活躍はなかった。

満仲の死去

満仲は、おそらく出家後に居住した多田で死去したと考えられる。彼の没年について、すでにふれたように『尊卑分脈』には長徳三年（九九七）であったとする。正確な記録に死去を伝える記述がないので、一応これに従っておくことにしたい。なお、『系図纂要』は八月二十七日と日付まで特定するが、到底信を置くことはできない。

延喜十二年（九一二）生まれという説を信じると八十六歳ということになるが、この生年は父より先行するという矛盾を生じており、信用できないことはすでにふれた。出家の年齢を六十歳余りであったとする『今昔物語集』の記述に従うならば、長徳三年に七十歳前後で亡くなったことになる。

満仲墓所（多田神社）

武門としての名声を確立した息子たちの活躍や、彼が近侍した藤原北家が摂関政治の全盛期を築いてゆく様子を耳にしながら、まずは満ち足りた生涯を終えたのではないだろうか。出家からちょうど十年目、仏教三昧の生活を通して、長年の罪障が消滅できたと考えたのかどうか。残念ながら、彼の死去に関する逸話は残されていない。

彼の墓所は、多田院に設けられた。武門源氏の京における屋敷があった左京に墳墓を設けることはできなかったから、ゆかりの寺院に造営されたのである。ここで、満仲は静かな眠りについた。

ところが、その満仲が三百年余りを経て、突如室町幕府をはじめ、世間を騒がすことになる。いわゆる多田院の

「鳴動」である。この問題については、本書の末尾にふれることにしたい。
最後に、和歌にまつわる挿話を一つ。彼も、父や息子頼光と同様に和歌を詠んでいる。もっとも、勅撰集に収められているのは『拾遺集』の一首のみであった。父よりも一首少なく、息子の頼光の三首にも及ばなかった。やはり武骨さの現れであろうか。その一首とは、清原元輔より贈られた和歌に対する返歌であった。

　　肥後守にて清原元輔くだり侍けるに、源満仲せんし侍けるに、かはらけとりて、
　　もとすけ
いかばかりおもふらんとか思ふらむ
　　老てわかるるとをきわかれを
　　返し
君はよし行すえとをしとまる身の
　　まつほどいかゞあらんとすらむ

いうまでもないが、元輔は王朝を代表する才媛清少納言の父で、歌人として高名な人物である。ちなみに元輔の肥後守就任は寛和二年（九八六）正月のこと。彼はすでに七十九歳、見送る満仲も出家を翌年に控え、かなりの高齢であった。老いた身ゆえに再会を期しがたい友人同士の、別離を惜しむ

真心の籠もった内容で、長年の二人の交流を彷彿とさせる和歌と言えよう。事実、元輔は在任五年にして任国肥後で死去しており、二人が再びまみえることはなかったものと考えられる。

元輔との交遊という事実は、満仲がけっして武骨一点張りの人間ではなく、文人との交わりも有したことを物語る。おそらくはともに仕えた藤原兼家などのもとで知遇を得たのであろう。ただ残念なことに、和歌の贈答以外にどのような交流があったのか、知る由もない。

老いた身の、哀愁を帯びた、ほのぼのとした逸話で、満仲の生涯の叙述を終えることにしたい――ところだが、そうは問屋が卸さない。実はこの二人の息子同士は、これから三十年ほどのち、世間を震撼させる殺人事件の加害者と被害者となるのである。その詳細は第五章にて。

第四章　頼光と摂関政治

1　頼光の登場

あたかも除書のごとし

寛仁二年（一〇一八）六月二十日、人々の目は、再建なった当時の最高実力者藤原道長の邸宅土御門邸に運び込まれる豪華な調度品の行列に釘付けになっていた。種々の宝物を収めた厨子《ずし》をはじめ、二十帳もの見事な屏風、意匠を凝らした櫛を収めた唐櫛笥、夏冬の装束を収めた韓（唐）櫃、銀器、管弦の楽器等々。人々は競ってその品目を書写していたが、そのありさまは、まるで除書《じょしょ》、すなわち公表された除目の結果を写すようであった——人事の動きはいつの時代でも、最大関心事だったようだが——という。

このことを日記『小右記』に記した大納言藤原実資《さねすけ》は、「小人、好むところを知り、宝を懐きて四方より来る。奸邪手をかり、これより幸いの門開く」という中国の古典を引用して道長を揶揄し、

東三条殿（道長邸の一つ）の復元模型（京都文化博物館蔵）

「太閤（道長）の徳、帝王のごとし。世の興亡、わが心にあり。呉王とその志同じ」と、天皇をも凌ぐ道長の専制ぶりを、越との抗争に勝利して奢り昂り、やがて滅亡した呉王夫差に対比した。本来、兄であった実頼の系統小野宮流に属しながら、その弟師輔の九条流に属する道長の空前の栄華を見せつけられた実資の憤懣、抵抗できない無力感が満ちている。

このように道長に対する批判をあからさまにした実資もまた、所詮は詳細に品目を記録した一人にほかならない。彼は「万石・千疋《せんびき》を献上した者は多いけれど、このようなことはいまだ聞いたことがない。そこで記録するのだ」などと、子孫に対する言い訳のような記述を『小右記』に残している。

この贅《ぜい》を尽くした調度品一切を献上した受領こそ、当時伊予守であった源頼光、その人であった。右の逸話から、彼の受領としての豪富、そして道長に対する献身的な奉仕ぶりを窺うことができるだろう。摂関家に勤勉に奉仕する受領、まさしくそれが史料に登場する頼光の姿なのである。

ちなみに、土御門邸は前年に火災で焼失したが、道長は柱と柱の間の一間ずつを新旧の受領に割り当てて再建を命じている。半ば国家事業として再建に取り組んだことになる。当時道長は、すでに二年前の長和五年（一〇一六）正月娘彰子が一条天皇との間に儲けた敦成親王《あつひら》、すなわち後一条天皇を擁立、ついでその弟敦良親王《あつなが》（のちの後朱雀天皇）を東宮の地位につけることに成功した。かくして、道長は二人の外孫を天皇と東宮に擁立し、半永久的な天皇の外祖父の地位を確立し、空前の権勢を誇っていたのである。

外祖父という権力の裏付けを得た道長は、摂政の地位にも拘泥しなかった。彼は、後一条の即位とともに就任した摂政を、一年余り在任しただけで嫡子頼通に譲ってしまった。外祖父の地位は摂政の地位を超越した権勢をもたらしたのである。この摂政譲渡には、たびたび繰り返されてきた摂関の継承をめぐる抗争を未然に抑止する意味もあったと考えられる。なお、余談だが道長はついに関白に就任することはなかった。その意味で、彼の日記を『御堂関白記』と称するのは正確とは言えないのである。

それはともかく、道長の栄華の頂点と時を同じくして、頼光も大国伊予の国守として受領生活の頂点を究めたことになる。父満仲は摂関政治確立の裏面で暗躍する面があった。これに対し、頼光は摂関政治全盛期に莫大な経済面での貢納を行うなど、「表」の世界における華々しい奉仕に終始した存在といえる。

頼光については、すでに鮎沢（朧谷）寿氏によって、事績を網羅した優れた伝記が刊行されているため、頼光に関する出来事を逐一指摘、検討することは避け、いくつかの問題点に言及する形を取りたい。そこで、まず道長が権力を掌握する時代背景と、頼光の活動の関係、ついで受領としての特色、そして道長や彼と対立したとされる三条天皇などとの交流について論ずることにしたい。

ついで章を改めて、伝承の世界を含んだ武門としての側面にふれ、武士として顕著な事績を残し、それぞれ大和源氏・河内源氏の祖となった弟頼親・三男頼信の事績についても、簡単にふれておくことにしたい。

武門源氏の嫡男

満仲の長男頼光は、すでに述べたように嵯峨源氏の近江守源俊《すぐる》の娘を母として生まれた。生年は天暦二年（九四八）説が有力だが、これまで述べたように、父祖の年齢については通説に疑問があるため、頼光の生年も正確なことはわからない。土御門邸再建に奉仕した寛仁二年から三年後に死去しているから、道長に対する調度品の献上が、生涯最後の大事業であったことに相違ない。

このことが象徴するように、彼はおおむね富裕な受領として生涯を過ごしており、道長が栄華の絶頂を迎えるのを見届けるように世を去ったことになる。武人としての性格や活動は後述するが、それは記録の上にはほとんど表出することはなかった。もっとも、先述したように、寛和二年（九八六）六月に発生した花山天皇出家事件という、右大臣藤原兼家の強引な謀略に頼光が関与した可能性は高い。

この事件の結果、外孫一条天皇を擁立した兼家は、外戚関係のない頼忠の関白を奪い、自ら摂政に就任するとともに、娘超子が冷泉天皇との間に儲けたもう一人の外孫居貞親王を東宮に立て、次代の外戚の座をも確保している。すでに前章でふれたが、頼光は居貞親王に春宮権大進として仕えることになったのである。彼は、居貞が即位すると、その殿上人となり、さらに退位後には三条院の院司にも就任するなど、一貫して居貞親王、すなわち三条天皇に側近として奉仕することになる。

ついで彼は、永延二年（九八八）九月十六日、摂政藤原兼家の二条京極第落成の宴に際し、賓客に馬三十頭を贈るという莫大な経済奉仕を行っている（『日本紀略』）。この時、頼光は皇太子居貞親王に仕える春宮大進であったが、まだ受領の経験は確認されていない。おそらく、前年に出家・引退した父から財産を譲与されたのであろう。あるいは、父に代わる武門源氏の当主としてのお披露目という意味があったのかもしれない。以来、土御門邸再建における道長に対する調度品の献上に至るまで、生涯を通して摂関家の有力者に近侍し、大規模な経済的な奉仕を続けてゆくことになる。

彼が受領に就任したことを示す最初の史料は、『小右記』の正暦三年（九九二）正月二十日条に「備前守」とあるものである。後述する長徳の政変を記した『大鏡』は、長徳二年（九九六）に「前備前守」であったとしており、それ以前に任期を終えたことになる。豊かで温暖な備前国は、素直に考えると初任地としてはきわめて恵まれた国と言える。彼の前任の国守は太政大臣頼忠の男公任であり、それ以前にはかの師尹も参議在任中に国守を兼任している。ただし、『北山抄』は頼光を介としているが、介であったとしても、国務の実権を握る受領であったために、実資は「守」と記したのであろう。

しかし、彼の就任には裏があったらしい。備前国では殿下渡領鹿田《かだ》荘をめぐって、関白頼忠派と、右大臣兼家派との軋轢を生じており、寛和二年には同荘の荘司を攻撃した兼家派の受領藤原理兼《まさかね》が解

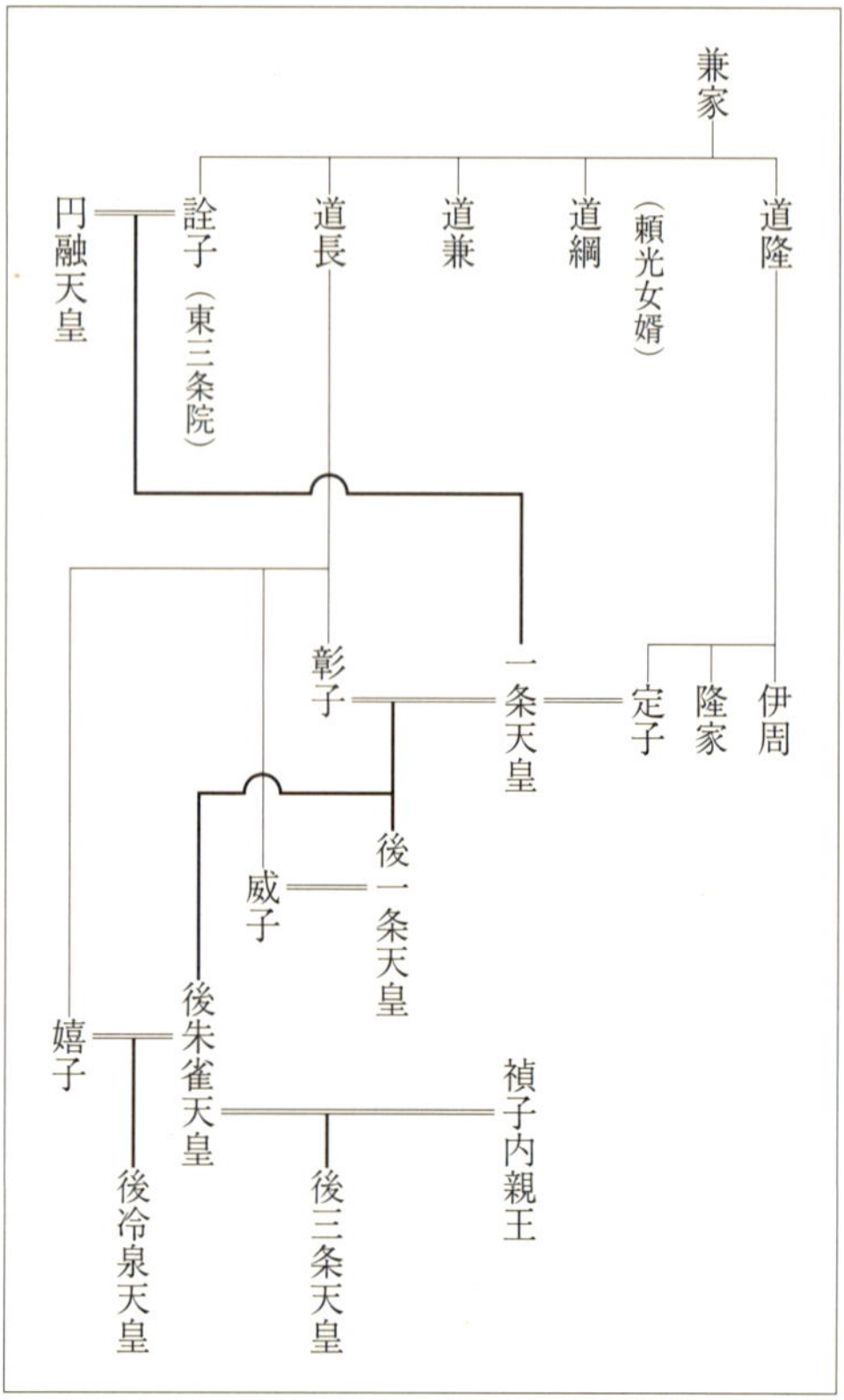

藤原道長と王家の関係系図

任され、何と藤原氏からの追放を意味する「放氏《ほうし》」という処罰を受けるに至った。さらに、頼光の前任がその頼忠の嫡男公任であったことを考えると、頼光が起用された背景には、備前国を強力に掌握しようとする兼家派の意図があったと考えられる。このことは、頼光の力量が高く評価されていたことを意味する。

以後、彼は確実な記録で知られるだけでも、但馬、再度にわたる美濃、先述の伊予、そして最晩年に摂津の各国守を歴任している。いずれも、大国・熟国などと称された富裕な国々ばかりであった。

受領の問題については後述に譲り、彼が武人としての性格を表出させた唯一の事件である長徳の政変についてふれることにしたい。

長徳の政変

長徳元年（九九五）、前年から猛威を振るいはじめた疫病は、ついに政界の頂点に及んだ。四月には道隆が四十三歳で、そしてその後を襲って念願の関白に就任した道兼も、わずか三十五歳でこの世を去ったのである。この二人を始めとして、疫病の犠牲者は中納言以上で八人にものぼった。道兼の後継者は、道隆の嫡男で内大臣に昇進していた二十一歳の伊周《これちか》と、道隆の弟で権大納言であった三十歳の道長の二人に絞られた。

伊周の妹で、時の一条天皇の寵愛深い中宮定子の懇願もあり、天皇の心は伊周に傾いたが、天皇の母で道長の姉でもあった東三条院詮子の説得により、ついに政権の座は道長のものとなったのである。五月十一日、政務はまず道長に触れるようにという命が下された。ただし、道長は権大納言だったため、すぐに関白になることはできず、準関白ともいうべき内覧に止まっている。

詮子が道長を選んだ背景には、おそらく伊周が若年で未熟であったこと、それに道長が天皇の外叔父という外戚であるのに対し、伊周は天皇の従兄弟に過ぎないことなどが関係していたのではないだろうか。当時は、まだ官職を父子相承するというイエの論理は定着していなかったのである。

これでおさまらないのは、関白という大魚を逸した伊周、そしてその弟で血気盛んな隆家の兄弟である。七月二十四日には道長と伊周が仗座で口論に及び、周囲を仰天させている。ついで二十七日には道長と隆家の従者が七条大路で闘乱し（以上『小右記』）、翌月二日には隆家の従者が道長の随身を殺害するという血なまぐさい事件が勃発した（『百練抄』『小右記』）。同月十日には道長を呪詛する法師が捕らえられる有様で（『百練抄』）、対立は激化する一方であった。

しかし、殺人をも辞さない伊周・隆家らの激しい性格が墓穴を掘った。翌長徳二年正月十六日、伊周・隆家は全くの誤解から花山法皇の一行を襲撃し、法皇に矢を射かけたばかりか、随行の童子二人を殺害するに至ったのである（『百練抄』）。

ついで二月五日、伊周の家司薫定、および彼のもとにいた右兵衛尉致光らが検非違使に追捕された（『小右記』）。この致光の世系は長らく不明であったが、野口実氏のご教示によると、平良兼の孫で、伊勢平氏の維衡《これひら》と争った致頼の弟に当たる軍事貴族と考えられる。ここでは、特定の公卿と軍事貴族との強固な結合が見られたことになる。摂関時代までの軍事貴族は、おおむね複数の主君に仕えることが一般的であったが、先の安和の変の際と同様、権力の中枢が分裂して鋭い対立が見られる場合、こうした結合も生じたものと考えられる。

なお、致光は、寛和二年（九八六）六月に斎王済子女王と密通したとの噂を立てられたこともある、曰く付きの武士であった（『日本紀略』）。彼に依存しなければならなかった点に、伊周・隆家の追い込まれた立場が示されているのかも知れない。

三月に入り、伊周の関白就任に反対した国母東三条院詮子が発病した際には、伊周が女院を呪詛《じゅそ》したとする噂が流れ（『小右記』三月二十八日条、『栄花物語』）、さらに四月一日には、伊周が臣下に禁じられている太元帥法《たいげんのほう》を行って道長を呪詛したことが判明した（『日本紀略』『栄花物語』）。こうしたことから、ついに一条天皇も決断し、四月二十四日には配流が宣下されたのである。

この時、朝廷は厳しい軍事的緊張に包まれた。何せ、伊周や隆家は独自に軍事貴族を組織していたし、隆家の従者は道長の随身を殺害したような猛者である。しかも隆家は、のちに大宰権帥として赴任していた大宰府で、突然侵入してきた刀伊の海賊を、配下の武士たちを叱咤して撃退した程の剛毅な性格でもあった。また、本来なら伊周が政権の座についてもおかしくなかっただけに、彼らに心を寄せる貴族や軍事貴族も少なくなかったに相違ない。不測の事態を想定して、朝廷が厳重な警備を敷くのも当然と言えよう。

『小右記』によると、左右の馬寮から軍馬が引き出され、「武芸に堪ふる五位以下」の者が宣旨により動員された。ここでも、非常事態に際して有力な軍事貴族が、官職と無関係に動員されたことになる。その顔ぶれは、先述の『栄花物語』に見える。このうち、筆頭に記された前陸奥守平維叙《これのぶ》は貞盛の長男、左衛門尉平惟（維）時は次男維将《これまさ》の子、そして武門源氏の前備前守頼光と、前周防守頼親兄弟の名前が並んでいる。

実は、これこそ比較的信用できる史料に記された、頼光の武的活動に関する唯一の史料なのである。むろん、これ以後、政情は道長の権勢のもとで安定し、武門が活躍するような政変もなくなるのだが、後述する弟たちの粗暴さや武勇に関する逸話と比べると、やはり彼の特色と言えそうである。

「中関白暗殺計画」

ところで、頼光は単に公的動員によって駆けつけたのであろうか。先の致光のように、道長・伊周の対立の中で、それぞれ軍事貴族を組織化する動きはあったと考えられるだけに、検討を要するであろう。

鎌倉時代の説話集『古事談』には、藤原道兼の家人であった弟頼信が、関白道隆の暗殺を口走ったため、頼光が制止したという有名な説話がある。すなわち、頼信はつねに次のように口走っていたという。

我が君（道兼）のおんために中関白（道隆）を殺すべし。我、剣戟《けんげき》を取りて走り入らば、誰人か防禦せんや

これを聞いた頼光は大いに驚き、制止してこういった。

一つには、殺し得ること極めて不定なり。二つには、たとひ殺し得といへども、その悪事によりて主君、関白となること不定なり。三つには、たとひ関白となるといへども、一生の間隙なく主君を守ることとまた不定なり。

極端な話題だけに、どこまで真実を伝えているのかは疑わしい。また、仮に頼信がこうしたことを口走ったとしても、とうてい本気であったとは考え難い。ただ、花山天皇退位事件の立役者道兼が、天皇を連行した際の監視役を果たした武門源氏と親しかったことは疑いない事実であろう。政界の裏面にも通じた実力者道兼が、兄道隆に関白の先を越された憤懣を抱いたことはよく知られているが

(『大鏡』)、彼の下に組織された軍事貴族たちにも、当然そうした空気が伝わっていたものと考えられる。

頼光も頼信と同様、道隆とは親しい関係になかったからこそ、頼信の言動が伝わったのであろう。また、彼は説得に際して事の成しがたいことは説いているが、道隆を積極的に擁護しようとはしてはいない。おそらく、道隆・道兼兄弟の対立の中で、武門源氏の武者たちには、道兼に心を寄せる動きがあったと考えられる。

いずれにせよ、兼家の没後における道隆・道兼の対立の段階から、対立は深刻な様相を呈していたことになる。先述のように、摂関の継承には外戚関係の形成といった偶発的な要素が関係しており、必ずしも嫡男の立場がはっきりしていなかった。このことも、内紛を激化させる要因だったのである。

また、道隆・道兼の死去後も、道兼に伺候していたという従来の経緯もあって、武門源氏は道隆の息子伊周・隆家を積極的に支援しなかったのであろう。武門源氏の支援が十分でなかったからこそ、先にもふれたように、伊周たちは平致光一門の武力に期待せざるをえなかったのではないか。したがって、頼光の兄弟らは道長からの動員にも積極的に応じる面があったと考えられる。

かくして、伊周は大宰府に、隆家は出雲に配流となった。詮子の病気もあって、彼らは翌年には呼び戻されるが、もはや昔日の政治力も権威も失われたのである。こうして道長の権力は安定し、長保元年(九九九)十一月には詮子の斡旋もあって、娘彰子を一条天皇に入内させることになる。そして、翌年二月には先に入内していた定子に対抗すべく、強引に中宮に擁立するのである。ここに、いわゆる一帝二后という事態が生ずることになる。以後、道長は権勢の頂点を目指して階段を昇ってゆくが、頼光もまた道長に対する奉仕に努めてゆくことになる。

2 受領頼光

大国受領

頼光は、先述のように備前を皮切りに、美濃、但馬、再度の美濃、伊予、摂津といった諸国の受領を歴任している。これらはいずれも大国、熟国と称された富裕な国々であり、人事権を掌握した道長の頼光に対する覚えのよさを示すとともに、彼が豪富を築いたことを推察させる。彼の武人としての活動は、長徳の変以降、いっさい確実な記録に登場しない。頼光の基本的性格を問うならば、それは受領ということになる。そこで、まず受領としての頼光の事績をたどってみることにしたい。

彼が初めて美濃守に就任したのは、長保三年（一〇〇一）以前のことであった。『本朝文粋』に収められた長保三年三月付の尾張守大江匡衡の書状から、二月に美濃守であった頼光から書状が送られていたことがわかる。当時、道長は内覧の地位につき、前年には入内させた娘彰子を強引に一条天皇の中宮に立て、一帝二后を実現しており、外戚への足場を固めつつあった時期に当たる。美濃は不破関の所在地という軍事・交通の要衝であり、院政期に至るまで、大物受領が多数任ぜられた重要な国であった。

その後、『権記』寛弘三年（一〇〇六）正月二十日条には美濃の解由《げゆ》を提出しているので、それ以前に任期を終えていたことになる。また、同書同八年八月二十三日条に「前但馬守」とあるので、この間に但馬守に就任していたことがわかる。なお、この記事によると、頼光は「殿上人・四品（四位）」と記されており、すでに四位に昇進し、昇殿をも許されていたことになる。

昇殿とは、天皇の居所である清涼殿で侍臣が伺候する殿上の間への出入りを許可されることを意味する。昇殿を許された貴族を、殿上人と呼ぶ。公卿以外で昇殿を許された者は、公卿に準ずる地位を意味し、貴族にとって大変な名誉であった。一条天皇のもとで、頼光は受領として、最大級の成功を手にしていたと言えよう。

円山川（兵庫県豊岡市）

但馬守時代は、特段の挿話を残していないが、館に近い「けた川」（円山川）で詠じた連歌が『金葉和歌集』に残っており、現地に下向したことが判明する。

ちなみにこの連歌は「源頼光か但馬守にてのほりける時、館の前にけた川といふ川ある、かみより舟のくたりけるを、蔀《しとみ》あくるさふらひ（侍）してはとはせけれは、たて（蓼）と申ものかりてまかるなりといふをききて、くちすさみにいひける」という詞書があり、頼光が「たてかる舟の　すくるなりけり」と詠んだのに対し、妻である慶滋保章《よししげのやすあき》の娘が連歌として、「あさまたき　から鲁のをとのきこゆるは」と上の句を詠んだものである。ちなみに、彼女は勅撰集四十首入集を誇る女流歌人相模の母として知られる。相模は彼女の連れ子らしく、頼光との血縁はなかったと考えられる。

さて、この但馬国の格式に関する有名な史料がある。時代は下るが、天仁元年（一一〇八）正月、源義親を討伐した平正盛が但馬守に任ぜられた際、但馬国は「第一国」と称されている（『中右記』正月二十四日条）。すなわち、十二世紀初頭には、富裕な国として知られていたことになる。一方、頼光の前後の但馬守にも、道隆の側近平生昌《なりまさ》や、源国挙《くにたか》、橘為義といった道長側近ともいうべき有力な受領たちが任じられており、摂関時代にも重要な国とみなされていたことがわかる。

但馬守の後、頼光は長和四年（一〇一五）から翌年にかけて、再度美濃守に就任していた（『小右記』長和四年閏四月十二日条、『御堂関白記』長和五年八月二日条）。このことは、頼光が美濃に対して深い執着を有したことを物語る。

その最大の理由が、美濃の富裕さにあったことは疑いない。同時に注意されるのは、のちに弟頼信が平忠常の乱平定の恩賞として、美濃守を望んだ理由が、母の墓所があることと、東国にいる家人の往来に便宜があるためと噂された（『小右記』長元四年九月十八日条）点である。頼信の母は、おそらく父満仲が常陸介に就任した際、夫妻で任国との間を旅行していて、美濃で死去したのであろう。血縁関係のない頼光には直接影響する問題ではないが、頼光が東国出身の平貞道などを家人として組織していたことを考えると、美濃を望んだ背景には頼信と同様の理由もあったのではないか。

頼光の長男頼国も美濃守に就任し、その子国房が美濃源氏として発展することになる。こうした摂津源氏一門と美濃との関係の基礎を築いたきっかけが、頼光の二度にわたる美濃守就任であったことは疑いない。

ところで、二度目の美濃守の当時、彼は内蔵頭《くらのかみ》の任にあり、すでに莫大な財産を蓄えるとともに、三条天皇以下の深甚な信任を得ていたことがわかる。次に内蔵頭の問題について検討を加えることにしよう。

内蔵頭

種々の史料から推測すると、頼光は美濃守在任中の長和二年（一〇一三）、前任者の蔵人頭藤原公信を引き継ぎ、寛仁二年（一〇一八）に蔵人頭藤原定頼に譲渡するまで、内蔵頭の地位にあった。三条天皇在位中に就任しているが、長和五年に後一条天皇に譲位されたあとも、一年余り在任していたことになる。

内蔵頭とは、宮中の財産を管理する内蔵寮の長官である。内蔵寮の職掌は、金銀・宝器・高級な衣服、外国からの献上品などを管理し、天皇・中宮の衣服、はきもの、鞍具、祭などの幣物、祭使の装束などを調進することにあった。その長官である頭は、本来の規定では従五位下相当の官職に過ぎないが、天皇の財宝を管理する関係上、天皇と昵懇な有力貴族が任ぜられてきた。

時代は下るが、院政期の公卿である藤原宗忠の日記『中右記』承徳元年（一〇九七）四月三十日条によると、内蔵頭の立場の変化が記されている。すなわち、「往古《おうこ》」は蔵人頭、弁官、近衛将官など、家柄の良い大物が代々任ぜられてきたが、衣服が華美になったこともあって寮納が不足したため、院政期に入るころから富裕な受領が任ぜられ、その財力が利用されるように変化したとされる。

これによると、頼光はまだ受領の内蔵頭就任が一般化していない摂関時代に内蔵頭に就任したことになり、彼がいかに天皇や道長の厚い信任を受けていたのかが窺われる。同じ『中右記』のやはり承徳元年の閏正月四日条には、内蔵頭の一覧が記されている。ちなみに、何故宗忠がこんな記事を記したのかと言えば、この日、頼光の外孫にあたる内蔵頭兼備中守源政長が死去したためである。後任として宗忠が就任するのだが、あるいは候補となることを見越して内蔵頭一覧の作成を思い立ったのかも知れない。

どういうわけか、この記事には頼光の名が見えない。同様に欠落も多い可能性が高いが、他に方法もないので、一応これによって頼光以前における内蔵頭の官職を確認してみよう。すると、最初に受領で内蔵頭に就任したのは、寛弘元年（一〇〇四）から四年ごろ播磨守だった藤原陳政《のぶまさ》となる。頼光はそれに次ぐ二人目であった。

陳政は、参議安親の男で、伊賀・播磨・備中などの受領を歴任した人物である。彼の祖父は摂津守藤原中正《なかまさ》、その娘こそは道長らの母となった時姫に他ならない。陳政が道長の側近であったことは論を待たないだろう。このことは、受領の内蔵頭抜擢が、単に富裕さによるものではなく、天皇・摂関との密接な関係を前提としていたことを物語る。すなわち、頼光は当時の三条天皇、後一条天皇の外戚道長に深く信頼されていたことになる。

三条天皇は外孫敦成親王の即位促進を図る道長と対立しており、三条に近侍した頼光の立場には微妙な面もあったが、後一条天皇のもとでも内蔵頭を勤めた事実は、道長との関係が緊密であったことの傍証と言えよう。こうした人間関係については、次節で詳述することにしたい。

内蔵頭として彼の財力が利用された例がある。長和四年十一月十七日深夜、内裏が焼亡してしまった。この火災は、視力が低下し道長に追い詰められていた三条天皇の退位と、同時に道長の外孫、東宮敦成の即位とを決定することになる。ところが、火災によって、即位儀礼に用いる翳《えい》などの雑具も多く焼失してしまったのである。内蔵頭として被害状況を調査した頼光から報告を受けた道長は、早速頼光に雑具の調進を命じたのであった（『御堂関白記』長和五年正月十七日条）。

敦成親王の即位で外祖父となった道長は摂政に就任、父兼家と同様に外祖父で摂政という強力な権威を確立し、栄華の頂点に立つことになる。

受領生活の頂点

長和五年二月の後一条即位、道長の摂政開始後も、先述のように頼光は内蔵頭に留まり、元通り昇殿も許された（『小右記』二月八日条）。その立場は微動だにしていない。その一方で、長年仕えた三条上皇の院司にも就任し（『小右記』正月廿九日条）、五月九日には延暦寺から下山した上皇のために御菓子を献じている（『小右記』）。その後も、三条上皇の死去に至るまで奉仕に努めている。

さて、七月二十一日未明、京では大火災が発生した。こともあろうに、まさしく権勢の頂点にあった道長の土御門邸が焼亡したのである。早速、各受領たちが見舞いの品々を献上する中、頼光は播磨守藤原広業《ひろなり》に続いて、わざわざ任国から道長のもとに駆けつけている。本章冒頭に述べた同邸再建でも、彼は世間の度肝を抜く奉仕を行って道長への忠節を見せつけたが、すでにここでも如才なさを示したことになる。これが奏功したらしく、二年後の寛仁二年四月一日には伊予守に遷任していたことがわかる（『小右記』）。

伊予国は鎌倉初期に成立した故実書『官職秘抄』において、播磨国とならんで「四位上﨟《じょうろう》、これを任ず」とされている。院政期、受領は四位以下が任ぜられることになっていたことから、受領の最高峰に位置づけられたことになる。その背景には、伊予国の富裕さがあったことは言うまでもない。同時に、伊予守に就任した者は従三位となって公卿に昇進する者が多く、高い政治的権威を有していた。

摂関時代には、まだ公卿の国守兼任が見られたが、伊予も長保二年（一〇〇〇）に参議藤原斎信、寛弘七年（一〇一〇）に従三位参議藤原兼隆、さらに頼光の後任として治安二年（一〇二二）には参議左大弁藤原朝経などの名前が見える。むろん、当時は国守が名目的な地位で、実質的に国務を担当する受領が介などである場合も存した。したがって、公卿が必ずしも国務担当者であったとは言えないが、伊予守の政治的地位の高さ、重要性を物語るものである。こうした伊予守補任に対するお礼奉公ともいえるのが、本章冒頭に記した道長の土御門邸再建における莫大な奉仕だったことになる。

なお、その直前の四月、在京した頼光は、伊予における右近衛府の大粮米百五十石を検封する事件を起こしている。この時、尋問された目代は伍倫朝臣なる人物であったが、その素性は不明確である。翌年二月には頼光自身も、任地伊予に下向している。

さて、頼光は治安元年（一〇二一）七月十九日に死去する（『左経記』）。その時、彼は摂津守であった。受領の最高峰ともいうべき伊予守を経た頼光が、最後に摂津守に就任したのは何故であろうか。

もちろん、交通の要衝でもある摂津国の受領は「要官」(『小右記』長元元年八月二十五日条)と称される重職ではあったが、伊予に比して格は下がる。就任の理由は、所領の所在地と関係するものと考えられる。次章で後述するように、当時は自身の所領が存する国の受領を回避することが原則であった。その意味で、頼光が父満仲以来の本領の所在地、摂津の国守となることは異例の人事と言えよう。

すでに嫡男頼国も従四位下に到達、貴族社会に安定した地位を得ていた。今更自身の官職を辞して頼国の昇進を図る必要もない。頼光の最後の望みは、父満仲の墓所があり、子孫に伝える所領が存在する摂津国の受領となり、所領拡大を図ることではなかったか。人事の全権を掌握した道長の深い信頼を背景に、すでに老齢ということもあって、自身の所領と密接に関係する摂津国の受領就任を許されたものと考えられる。

受領層の変遷

頼光の弟頼親らも諸国の受領を歴任している。その意味で、彼らは摂関時代の代表的受領層でもあった。かつて、院政を受領層政権とする見方があったように、摂関時代に成立した受領層は大きな勢力を誇り、院を擁立したとされた。さすがに、こうした極端な理解は否定されたものの、摂関時代に成立した受領層が院政期に継続したとする理解は、依然として存続しているのではないだろうか。

この頼光の系統は、後述するように院政期にはすっかり政治的地位を下降させ、受領の地位を失うことになる。頼光が就任した受領の最高峰の一つ伊予守について、道長が政権の座を獲得した長徳元年(九九五)以降の顔ぶれを見てみよう。

受領の下向　『因幡堂薬師縁起絵巻』（東京国立博物館蔵）より

まず長徳元年に在任していた文徳源氏の源兼資《かねすけ》、ついで道長側近として名高く長徳年中に在任した藤原知章《ともあきら》が就任するが、いずれも子孫は絶え、一門も受領として活躍することはなかった。長保年間に在任した高階明順《あきのぶ》、佐伯公行《きみゆき》は、道隆室にして伊周の母高階貴子のそれぞれ兄・妹婿に当たる。彼らは寛弘六年に勃発した皇太子敦成親王・左大臣道長らに対する呪詛事件を契機に失脚している。道長派の参議・右中将兼隆を経て、長和三年（一〇一四）に就任した藤原為任《ためとう》は大納言済時《なりとき》の男で、道長とは対立的であった三条天皇の皇后娍子の弟に当たる。重要な国の受領に再三反道長派が就任していた事実は、外孫後一条天皇が即位する前の段階では、まだ道長が人事権を掌握していなかったことを物語る。

頼光に続く藤原済家《なりいえ》は、道長の母方の一族、続く源隆国はかの高明の孫というよりも、道長室明子の甥で、道長の人事権確立が明確となる。ただ、済家の子孫は絶え、隆国は大納言に昇進、子孫もその地位を守り、受領に就くことはなかった。

時代は下るが、道長没後の長暦三年（一〇三九）に就任した藤原資業《すけなり》は、その父有国が兼家に、そして自身が道長にそれぞれ近侍した、まさに腹心中の腹心である。そして、春宮学士・式部大輔などの学者として活躍するとともに、丹波・播磨など大国の受領も歴任した受領の典型でもある。丹波守在任中の治安三年（一〇二三）十二月二十三日には、苛政に怒った丹波の住人たちに邸宅を襲撃・放火されている（『小右記』）。悪行にもかかわらず、あるいはそのお蔭というべきか、彼の子孫日野家は大きく発展して公卿家の地位を保持するが、大国受領を歴任することは少なく、もっぱら学者・官僚として活躍するようになる。

一方、伊予国とならぶ受領の最高峰とされた播磨国についても、長徳以降公卿の国守が連続している。その間に受領となった陳政については既述の通り、道長の母方の甥に当たり、その子孫は断絶。道長の側近参議藤原行成、宇多源氏の蔵人頭道方などを挟んで、長和二年に就任した藤原説孝《ときたか》は、院近臣として名高い為房などが出た高藤流に属する貴族である。しかし、彼は受領経験は短く、その子孫も発展することはなかった。

寛仁元年（一〇一七）、播磨守藤原広業は、石清水八幡宮に向かう道長一行のために、檜皮葺《ひわだ》きの屋根に廊下、贅を尽くした障子・屏風や寝具までも備えた渡船を造営している（『小右記』九月二十四日条）。短時間利用するに過ぎない渡船を、ここまで豪華に設《しつら》える感覚は、翌年の頼光以上の追従ぶりというべきか。この広業は先述の資業の兄で、あの弟にしてこの兄、という感を否めない。子孫はやはり学者・官僚の道をたどる。

寛仁四年正月に就任した藤原惟憲《これのり》は、先述の説孝の甥に当たる。彼は、その子とともに道長・頼通に家司として仕えており、受領で摂関家の家司に就任し、経済奉仕を専らにする「家司受領」の典型であった。播磨のほか、甲斐・近江守、大宰大弐などを歴任している。治安三年に彼を継いだのは弟泰通であった。彼も、播磨のほかに美濃・美作守を歴任した道長の家司受領であった。しかし、いずれもその子孫は振るわず、受領として大きく活躍することはなかった。

道長の時代に家司受領として活躍した藤原保昌の子孫は断絶してしまうし、同じく家司受領の橘為義、あるいは頼通の男とされる橘俊綱などの橘氏も、頼光の一門と同様に没落の運命をたどる。摂関時代の代表的受領たちは、いずれも摂関政治とともに衰退してゆくことになる。

逆に言えば、院政期に活躍した受領層の多くは、院政期に入って台頭したのである。たとえば、白河院の乳母子顕季《あきすえ》に始まる末茂流、あるいは武門の伊勢平氏などがその典型と言える。すなわち、院政期の受領層は、摂関時代から存在した有力な受領層を院が組織したのではなく、むしろ個人的縁故等を通して、歴代の院が新たに育成したと考えるべきなのである。

3　道長側近

頼光の生涯に関する大きな特色の一つは、貴族たちの間に違和感なく存在したこと、そして道長の側近として奉仕に努めたことに他ならない。その道長との関係をはじめ、頼光の貴族社会における人脈について検討することにしたい。なお、武門としての人脈については、次章で取り上げる。

道長と頼光

頼光の貴族社会への登場は、先述のように永延二年（九八八）、摂政藤原兼家の新邸落成の宴で、賓客に馬三十頭を贈ったことであった。源氏の武力で花山天皇を追い落とし、権力の絶頂を築いた兼家にしてみれば、武門源氏の次代を背負う頼光との関係は緊密なものであったことだろう。そのあと中関白道隆の時代を挟み、摂関政治繁栄の頂点を究めたのが、道長であった。

先述のように、道長が政権を獲得した長徳二年（九九六）五月の政変で内裏警護に駆けつけたのを皮切りに、最後にして最大の奉仕が、寛仁二年（一〇一八）六月、道長の土御門邸再建における調度品一切の献上であったように、頼光は後半生を通して道長に様々な奉仕を行っている。まさに、道長に寄り添う腹心として生涯を終えたと言えよう。

鎌倉時代の説話集『古今著聞集』に、頼光が道長に心服したきっかけが記されている。すなわち、正暦元年（九九〇）、関白兼家の葬儀で騒動が発生した際、右往左往した道兼に対し、泰然と振る舞った道長に感心したというのである。真否の程は不明だが、まだ当時は兄道隆と道兼が拮抗する時代であり、道長に接近したとは考え難い。

道長に本格的に接近したのは、やはり長徳の変以降であろう。先述した鮎沢（朧谷）氏の著書によると、頼光の娘たちは長保三年（一〇〇一）から寛弘初年の間に、道長の異母兄道綱、道長の室倫子の甥源資通《すけみち》と結婚したとされる。こうした縁談も、頼光が道長に近侍し、信頼されるようになっていたことを物語る。

頼光自身が道長に対して奉仕する史料が頻出するようになるのは、寛弘年間以降である。まず、寛弘四年（一〇〇七）八月、一条天皇に中宮として強引に入内させた愛娘彰子の、懐妊・皇子出産を祈った道長は、経筒を奉納するために金峯山に登った。その帰路、平維叙や高階業遠《なりとお》とともに、頼光は大和で道長を出迎えている。二年後の同六年四月十七日、同七年十一月四日には道長自ら頼光の宅に渡っているし、同七年五月十二日には道長邸で行われた法華三十講の非時を献じている（以上『御堂関白記』）。この非時の献上は、その後も永く続いている。

『小右記』長和元年六月二十九日条には、前日かかった虹の多くは左大臣道長と親しい人々の家に立ったという噂が記されている。その顔ぶれの中に、前但馬守頼光の名前も挙がっていたのである。以上のような道長との親密な関係をみれば、彼が道長と親しいとされるのも当然と言えよう。この前年、一条天皇から三条天皇への譲位が行われ、道長の外孫敦成親王が東宮に擁立された。道長の外祖父・摂政の座は目前となり、頼光の追従にも力が入るというものである。

頼光の活躍と平行して、検非違使などの任にあった長男頼国も道長に伺候している。彼は、寛弘五年に一条天皇の皇子にして道長の外孫、まさに掌中の玉ともいうべき敦成親王――のちの後一条天皇――が生まれると、親王家の蔵人となっている。頼光父子と道長との親密な関係、道長の信任の厚さを物語る（『御堂関白記』十月十七日条）。

頼光が道長に献上するのは当たり前だが、逆に贈り物をもらったこともあった。長和四年（一〇一五）閏六月十二日より、頼光は婿道綱を始めとする公卿・殿上人を集めて法華八講を開催したが、これに対し道長は掛《うちき》十二領を贈っている。日頃の奉仕に報いる気持ちもあったのだろう。また、寛仁三年二月十八日には、任国伊予に赴任する頼光に対し、道長より馬や下襲《したがさね》、表袴《うわばかま》などが贈られている。

道長奉納の金銅経筒（吉水神社蔵）

このように、道長に対して緊密な奉仕を行った頼光に対して、道長の「家司」などと評されることが多い。たしかに、公卿に伺候する者を一般的に家司と称する場合もあるが、本来は公卿家の中心的な家政機関である政所の別当を意味する。政所は儀式の遂行、費用の調進、私領の管理などを行う機関で、主君の家政を支える重要な役割を担っていた。その監督に当たる別当が腹心であることはいうまでもなく、すでに前節で名前の出た受領たちの多くが家司として組織され、その財力が家政運営に利用される面もあった。頼光の忠実な奉仕・奔走ぶりは他の家司に勝るとも劣らないものではあるが、『御堂関白記』を見るかぎり、頼光は道長の家司として登場することはない。もちろん偶然に記述から漏れた可能性もあるが、政所は十一世紀後半以降、荘園の確立とともに拡充されており、道長当時はまだ小規模であった。このため、密接な関係の受領でも、家司とならない者がいたと考えられる。先述の広業・資業兄弟も、家司としては見えない。

頼光が家政機関に関与したのは、すでにふれたように皇太子から上皇に至るまでの三条天皇である。次に三条天皇との関係についてふれることにしたい。

三条天皇と頼光

すでに述べたように、寛和二年（九八六）、兼家は源氏の武士たちの力を借りて花山天皇を強引に退位させて、娘詮子が円融天皇との間に儲けた外孫一条天皇を即位させた。この時、同時にもう一人の娘超子が冷泉天皇との間に生んだ居貞親王を東宮に擁立している。のちの三条天皇である。

頼光は居貞親王の春宮権大進に就任しており、道長よりもはるか以前から伺候していたことになる。むろん、これは外祖父兼家の差し金である。親王との結合は長く続き、寛弘八年（一〇一一）六月に即位すると、十月十九日には正四位下に叙され（『権記』）、先述のように殿上人、内蔵頭に就任している。さらに、長和五年（一〇一六）正月に後一条天皇に譲位し上皇となると、道長の命で院庁の別当に任命されている。そして、翌年に上皇が死去した際には、葬送を後一条天皇に報告したのであった

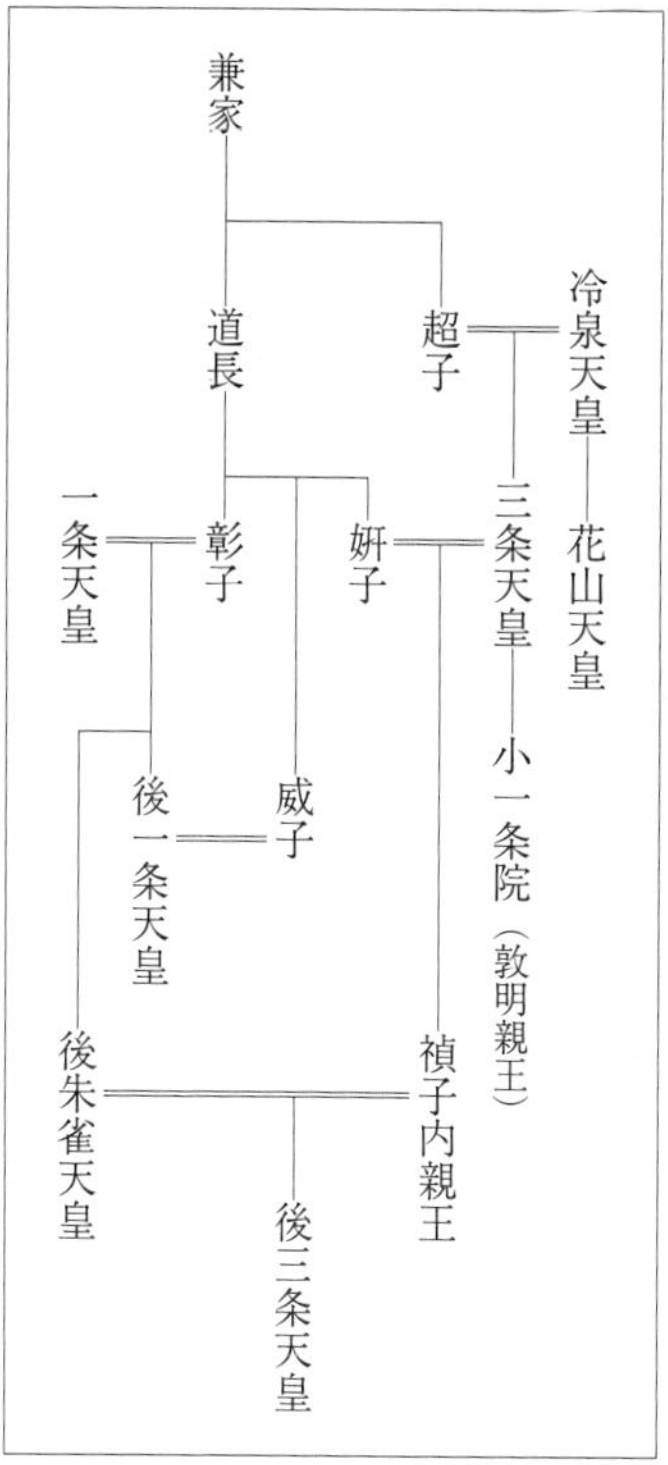

三条天皇関係系図

（『御堂関白記』寛仁元年五月十二日条）。まさに、生涯を通して奉仕を続けたことになる。

天皇は、左大臣・内覧の地位にあった道長と対立し、その圧迫を受けたことで知られる。即位に際して天皇は関白就任を要請したが、道長はこれを拒絶、関白として天皇を補佐することを忌避している。さらに、長和元年（一〇一二）四月二十七日に、天皇の糟糠の妻ともいうべき娀子が立后した際、道長は娘で中宮の妍子を入内させて儀式を妨害した。この時、立后の儀式に参列した公卿は、反道長派の大納言藤原実資、すでに権中納言に復帰していた剛胆な藤原隆家、実資の兄懐平、そして皇后娀子の兄参議藤原通任《みちとお》の四人に過ぎなかった。

長和五年ごろには、天皇の眼病が重くなり、政務が遅滞したことから、道長は圧力を加えて退位を迫っている。三条天皇には、『百人一首』で周知の和歌がある。

心にもあらで浮世にながらへば
　　こひしかるべき夜半の月かな

この悲痛な内容は、眼病と道長の圧迫に苦しんだ天皇の心境を詠んだものとされる。道長が天皇を抑圧した原因は、一刻も早く外孫敦成の即位を実現させようとしたことにあった。花山天皇を強引に退位させ、外孫一条を即位させた父兼家と共通する心境である。

先にも触れたが、両者の対立の渦中で頼光は板挟みとなった。東宮時代から四半世紀にわたって伺候してきただけに、天皇とのつながりは深いものがあったと考えられる。内蔵頭となったのも、天皇の厚い信任の結果である。あえて道長の家司に加わらなかったことも、長年伺候してきた三条天皇に対する配慮かもしれない。逆に道長に対する緊密な奉仕などは、道長との対立を慎重に回避する手だてという面もあったと考えられる。

ただ、頼光と道長の関係をあまり緊張したものと考えるべきではない。頼光が皇太子に仕えたのも、上皇の別当に就任したのも、ともに外戚兼家・道長の指示によるものと見られ、彼と三条天皇との結合を強固なものと考えることはできない。だいいち、皇位をめぐる道長と天皇の確執などは、頼光のような中級貴族にとっては、はるか彼方の出来事であり、彼は保身と出世のみを考えて、職務と奉仕に励んでいたのではないだろうか。

また、三条天皇自身、本来は道長の外甥にして女婿でもあり、道長の庇護なくして皇位を保持できるはずもなかった。両者の対立の勝敗は最初から決まっていたと言える。ミウチ政治の主導権掌握を目指す抗争は、安和・長徳の変のように武力も介在する激しいものとなるが、次代の外戚の座を確実にしてしまえば、兼家による花山天皇退位事件のように、天皇の交代は、むしろ簡単だったのである。

次代の権力者を見抜く炯眼《けいがん》は、武門源氏代々の特色である。かつて、安和の変において満仲は、高明との古い誼《よしみ》より次代の権力者に対する追従を優先した。頼光はその嫡男である。二人の皇子を有した道長が、まさに権勢の頂点を目前にしていたことを、理解できないはずはないのである。

藤原道長
『紫式部日記絵詞』（藤田美術館蔵）より

結局、彼らは安和の変や長徳の政変のように、ミウチ政治の主導権が不確定な時には、伺候する対象をある程度自身で判断する側面もあった。しかし、兼家や道長のように、外戚として政治主導権をほぼ確立した存在が出現すると、その指示に従って動いていたに過ぎなかったと言えよう。

寛仁と元号が変わって間もない五月、三条上皇は寂しく世を去った。頼光は例によって甲斐甲斐しく葬儀に奉仕したことであった。上皇の死去はさらに政界に波紋を投げた。上皇と皇后娍子との皇子敦明親王が、庇護者を失い東宮を辞退したのである。代わって立坊したのは、道長の娘彰子と一条天皇の皇子敦良親王。道長は、現帝・次帝の外祖父の地位を確立し、権勢の絶頂に立った。

頼光が、再建された土御門邸の調度一切を献上したのは、その寛仁二年六月のこと。同年暮れ、娘威子を後一条天皇の中宮に立てて、半永久的な外祖父の地位を固めた道長は、かの望月の歌を詠じたのであった。

頼光の姻戚関係

次に頼光の室についてふれることにしよう。彼の室のうち、長男頼国の母は「伊予守藤原元平」の娘、次男頼家の母は権中納言平惟仲の娘とされる。

残念ながら前者の元平については該当者不明である。ただ、これについては、『尊卑分脈』に若狭・伊予守とある藤原南家の元尹《もとただ》とする説もある。確実な史料で伊予守在任が確認できないが、年代的にも合致し、『尊卑分脈』では弟元仲、長男寧親《やすちか》が頼光と同じ冷泉院判官代で、次男有親が道長の姉東三条院判官代だったとされる点などから、可能性は高いと言えよう。おおむね四〜五位程度の家柄で、一族からは和歌に優れた人物を輩出しているが、政治的には特筆すべき事績は見いだされない。

一方、惟仲は、美作介珍材の息子で、兼家の家司として藤原有国（在国）と双璧を謳われ、ついで道隆の側近となり、さらに東三条院に接近、弁官や近江の受領を経て中納言・大宰権帥に至ったが、寛弘元年（一〇〇四）に宇佐神人の訴えで権帥を解任され、翌年死去している。元来道隆に近く、伊周の息子道雅を婿としたように伊周に近侍したことから、晩年は頼光と立場を異にしたことになる。

もっとも、頼家の母となった女性は、平惟仲の娘とされるが、実は彼の妻の妹で、父の死去後に養女となっていたとされる。惟仲死去後に、彼女との間で贈答された和歌が『後拾遺和歌集』に収録されている。

「女を語らはんとて、乳母のもとにつかはしける」という詞書きで、頼光は次のように詠んだ。

かくなむと海人のいさり火ほのめかせ
　磯べの波のをりもよからば

これに対し、女性からは乳母の代作で、

沖つ波うちでむ事ぞつゝましき
　思ひよるべきみぎはならねば

という、やんわりと拒む返しがあった。これを見ると二人はまだ結婚前のように思われ、結婚は惟仲の死去からしばらく後のようである。ちなみに、頼家の生誕はこれから五年を経た寛弘七年ごろとされている。

このほか、但馬守在任中に同道した慶滋保章《よししげのやすあきら》の娘も妻の一人であるが、彼女との間に子供がいたのか否かは不明である。

次に女婿を検討してみよう。最も著名なのは右大将藤原道綱である。兼家を父に、かの王朝を代表する才媛藤原倫寧《ともやす》の娘、すなわち『蜻蛉日記』の作者を母として生まれた。道長より十二歳年長の異母兄にあたる。しかし、『小右記』に「不覚人」とか「一文に通ぜず（全く漢文が読めない）」などと罵倒される始末で、ついに大臣にも昇進できず、寛仁四年（一〇二〇）十月十五日に大納言のままで没している。

したがって、頼光に対し、直接的に政治的な庇護や恩恵などを与えたとは思えないが、頼光が道長に接近・近侍する媒介となったことは疑いない。また、兼家・道長などの母も受領の娘だが、摂関の権威が著しく高まっていた当時、その有力な一門を婿としたことは、頼光の立場を向上させたものと思われる。あるいは、この婚姻を利用して、ひそかに公卿昇進を目論んだのかもしれない。なお、最上級の公卿が女婿となったことは、武士が貴族から忌避されていない証拠でもある。

ただ、道綱に関係して、緊張した場面が存在している。長和二年（一〇一三）六月二十五日、道長の息子で、新たに大納言・中納言となった頼通・教通兄弟が、道綱に挨拶に向かった時のこと。彼らは、当時道綱が暮らしていた頼光の邸宅を嫌悪し、本家に向かったという。道綱の本妻は頼通・教通兄弟の叔母で、彼女の死後、旧宅を見捨てて頼光のもとに移った伯父を嫌ったとも考えられる。ただ、叔母の死去からはすでに十年を経ており、嫌悪の理由はそれだけではないだろう。

当時は三条天皇の在位中で、天皇と道長との対立が深刻化していた時期だけに、頼光が三条天皇に近侍していたという微妙な問題が関係していたのではないだろうか。また、権威が著しく上昇した道長一門の子息たちに、受領を侮蔑する驕慢な身分意識が生じ始めた可能性も否定できない。

この道綱が頼光の娘と暮らしていたのは、一条西洞院にあった旧藤原倫寧の邸宅であった。何らかの経緯で頼光が購入したものであるが、父満仲に続いて、頼光も摂関などの邸宅が集中した一条付近に居住していたと考えられる。もちろん、摂関以下の居宅の近隣に居住したことは、富裕のあらわれでもある。しかし、のちに摂津・河内源氏が白河院の六条再開発に伴って居館を六条に移転することを考え併せると、当時は摂関家の中心人物の近隣を選んで居住地が決定された面もあったと言えよう。

他に頼光の女婿として知られるのは、宇多源氏の源済政《なりまさ》・資通父子である。済政は大納言時中の長男で、道長の正室倫子の甥に当たる。朧谷氏は、彼を婿に迎えたのは寛弘元年（一〇〇四）ごろと推定されており、道綱とほぼ同時期になる。道綱の場合と同様、この婚姻には道長との関係を強化する布石という意味があるだろう。彼は婚姻のころ信濃守で、のち美濃・讃岐・近江・丹波・播磨守などを歴任するが、ついに公卿に昇進できなかった。

済政と頼光娘の長男が資通である。したがって、彼は母の妹と結婚したことになる。宇多源氏との深い提携が窺われるが、結婚は頼光の没後であったらしい。二人の間に生まれたのが、先にふれた内蔵頭政長である。

貴族との交流　頼光の生涯には多くの貴族たちとの交流が見られる。主な挿話は鮎沢（朧谷）氏の著書に網羅されているので、ここでは特徴的な出来事や人物に簡単にふれることにしたい。ともに東宮居貞親王に仕え、親交を結んだ人物に、美濃守時代の頼光と書状を交換した大江匡《まさ》衡《ひら》がいる。彼は当代第一の漢文学者として名声を馳せ、長和元年（一〇一二）七月十七日に彼が死去した際、実資が「当時の名儒、人比肩するなし。文道の滅亡」と嘆息した程である。彼は東宮学士として、頼光は春宮大進として、ともに居貞親王に仕えており、文人・武人の立場を越えた交遊があったことになる。

そんな頼光に反感を表した者もいた。藤原知章である。彼は、近江守で頼通の家司だったころ、臨時祭に際して参入の位置を誤った頼光を追い払ったという（『十訓抄』）。先述の鮎沢（朧谷）氏の著書によると、寛弘二年十二月六日の賀茂臨時祭での出来事と推定されている。また、『古事談』によると、頼光が子息の蔵人昇進を許された際にも、文章生である知章の子息を優先すべきであることを主張し、頼光は昇進を辞退したという。

知章は、長良流の受領で、参議元名の息子であった。早くから受領を歴任しており、先述した道長の金峯山参詣でも共に参籠するなど、頼光以上に道長に近侍する存在であった。それだけに、知章にしてみれば、受領の息子に過ぎない上に、儀式に疎い武門から進出した頼光の武骨さが不快であったろう。また、頼光も身分的にも劣る上に、道長に仕えて日が浅いだけに、知章に頭が上がらなかったのではないだろうか。

しかし、しだいに道長とのつながりが深まってくると、道長周辺の人々との交流も見出される。寛弘八年八月二十三日には、道長の腹心、藤原行成の息子良経の元服に客として出席している（『権記』）。行成は道長の伯父伊尹《これまさ》の孫で、父義孝の夭折で官位の昇進は遅れたが、弁官・蔵人頭などの実務官僚を歴任し、一条天皇の下で源俊賢・藤原公任・同斉信とともに四納言と称された能吏で、能筆でも知られる。しだいに道長に接近し、その片腕ともいうべき立場にあった。

先にもふれた長和四年（一〇一五）閏六月の法華八講には、婿の道綱のほか、中納言藤原行成、道長の甥で奉仕に努めた参議同兼隆ら、道長の側近たちが参入している。これを聞いた実資は「行成・兼隆、何の由ありて恥を棄て至り問ふか。定めて謗難あるか。言ふに足らずと謂ふべし」という非難を『小右記』に記した。受領の主催する法事に公卿がぞろぞろ出掛けることを不快に思ったようである。逆に、身分を越えて出席するところから、ともに道長側近である彼らの連繋の深さも推察できよう。

他に和歌を通して親交がわかる人物として、藤原実方《さねかた》、同長能《ながよし》がいる。実方は、安和の変で左大臣に昇進した師尹《もろまさ》の孫で、長徳元年（九九五）正月に陸奥守として赴任し、三年後、任国で死去している。『今昔物語集』巻二五ノ五の説話によると、彼が死去したことから、国内の豪族平維茂《これもち》と藤原諸任の対立が調停不能となり、両者の激しい合戦が発生したという。豪族を心服させる武人肌の人物で、しかも満仲が仕えた師尹の孫という縁もあり、親交があったものと考えられる。

長能は、倫寧の男、すなわち道綱母の弟である。任国の上総から上洛して頼光の邸宅で宴会に招待され、

あづまぢの野路の雪まを分てきて
あはれ都の花をみる哉

という素直な慶びの歌を残している。彼が上総の受領に補任されたのは、正暦二年（九九一）のことで、上洛はおそらくその四～五年後であろう。道綱を婿に迎える前から、その母方の叔父との付き合いがあったわけで、縁談の前提となったのかもしれない。

なお、頼光は勅撰集に三首の和歌が入集している。父祖よりは多いものの、取り立てて和歌に堪能という程ではなさそうである。すでに紹介した『後拾遺和歌集』『金葉和歌集』所収の二首以外では、『拾遺和歌集』に次の和歌がある。

女のもとにつかはしける

中々にいひは、なたでしなのなる
きそぢの橋のかけたるやなそ

以上、貴族社会における頼光の姿を追ってきた。そこには、おおむね権力者に諂《へつら》い、地位の昇進を図った小心、典型的な受領の姿が浮かび上がる。それは、決して当時の軍事貴族として何ら異様なものではなく、当然の姿だったのである。軍事貴族も武士の一員ではあるが、それよりも貴族としての立場を重視し、彼らはあくまでも自身の貴族としての昇進を追求していたのである。

武士であるがゆえに、圧倒的な権力を有する貴族に対抗すべく、武士の団結と武士政権の樹立を考える——などということは、少なくともこの段階ではあり得ない。それは、二百年後に成立した武士政権を遡及させた結果論に過ぎないのである。

こうした考え方の淵源には、古代的な貴族と中世的な武士は別階級で、武士は同一階級である武士相互で結束し、つねに古めかしい貴族政権と対立・抗争するという固定観念がある。貴族から武士へ、時代は単線的に進歩してゆくという理解は依然として根強い。しかし、これは華やかなりしころの階級闘争史観の残滓以外の何者でもない。武士は貴族の一員であり、貴族と協調するのは当然のことであった。追い詰められた将門の反乱とて、桓武天皇五代の子孫という血統に裏付けられた行動である。

では、武士としての側面はどのように考えればよいのか。次に、伝承の世界や弟たちとの比較も含めて、武人としての頼光について検討することにしたい。

第五章　武人頼光とその周辺

1　頼光の武人伝説

伝説の形成と肥大化

大江匡房といえば、白河院政期を代表する大学者であり、白河院の腹心でもあった。彼の著作『続本朝往生伝』によると、一条天皇の時代は人材が輩出し、「時の人を得るなり。ここにおいて盛んとな」ったが、様々な職掌の中で、武士として特筆されたのは、源満仲・満正、平維衡《これひら》・致頼《むねより》、そして頼光で、彼らはみな「天下之一（逸）物」であったという。このうち、源氏の三人は今更ふれるまでもあるまい。ちなみに、平維衡は貞盛の男、伊勢平氏の祖となった武将、致頼は伊周《これちか》に仕えた致光《むねみつ》の兄で、伊勢において維衡と抗争を展開した武将である。

第二章でふれた『二中歴』も、「武者」として、武門源氏では満仲・満正、弟の頼親・頼信とともに頼光の名を挙げている。記録の上では、ほとんど武士としての活躍が見られない頼光ではあるが、平安後期の貴族社会において、彼の名前は名将として浸透していたのである。彼が高い評価を受けた背景はあとで検討することにして、時代を追って頼光像の変遷を見てゆくことにしたい。

鎌倉時代以降になると、頼光像はしだいに超人的なものに発展してゆくことになる。承久の乱後に原型が成立したとされる『保元物語』には、頼光が四天王と称された郎等たちを用いて朝廷を守ったとする記述があり、王権の守護者という性格を与えられていたことがわかる。こうした評価は、『源威集』などにも継承され、同時代に活躍した藤原保昌と並び称されている。頼光の評価は、活動の実態を超越して、一条朝の王権の守護者の代表とみなされるようになってゆく。

こうなると、頼光が王権を守護するために討伐する対象は、単なる賊徒から怪異、怪物へと発展してゆくことになる。その萌芽が現れるのが、鎌倉時代の説話集『古今著聞集』である。これには凶悪な鬼同丸《きどうまる》を征伐した話が載せられている。

弟頼信の宅を訪れた頼光は、捕縛されていた鬼同丸を見て、その凶悪さを見抜いて緊縛を強化させた。しかし、鬼同丸はこれを逃れ、天井より頼光を狙うが、頼光もこれを察知する。異変に気づいた頼光は、すぐに鞍馬寺参詣に出立し、鬼同丸はその途中で襲撃を企てる。そして鬼同丸は市原野付近で牛を殺して腹中に入り、頼光を待ち伏せた。そこに通りかかった頼光と渡辺綱以下の一行は牛追物を行うが、その最中、綱は鬼同丸の潜む牛に矢を射かけ、躍り出た鬼同丸の首を頼光が切り落とした。切られながらも、鬼同丸の首は頼光の馬の胸懸《むながい》に噛みついたという。

話の内容はむろん史実とは考えがたく、鬼同丸が何者なのかさえも不明確である。しかし、その名が示す通り、鬼と同じ威力をもつ悪党を頼光が討伐した点で、酒呑童子伝説の原型と言える。鬼神に等しい頼光の武威という意識が窺われる。なお、『御堂関白記』寛弘二年（一〇〇五）七月六日条によると、頼光の談話として、左京北辺の叔父満季家で放牧された雌牛が、馬と戯れたところ急死した珍事が記されている。牛を殺害して隠れるという説話の原型かもしれない。

ついで屋代本『平家物語』や『源平盛衰記』では、源家伝来の名刀鬚切・膝丸を用いた渡辺綱の鬼退治伝説が成立し、討伐の対象は鬼や土蜘蛛という明確な怪異となる。源氏累代の名刀の起源として、鬚切を用いて一条戻橋で鬼の右腕を切断する綱の活躍、土蜘蛛にとりつかれて瘧を病んだ頼光が、土蜘蛛の化身の法師を膝丸で退治する話が続いて紹介される。ほぼ同内容の説話が、『太平記』にも登場している。

現在の一条戻り橋（京都市上京区）

そして、その発展形態が、かの伽草子所収の酒呑童子討伐説話となる。話の概要は周知の通り、大江山に籠もり、都の子女を誘拐して血を啜り人肉を貪る鬼王酒呑童子一党を、頼光や四天王以下が討伐するという内容である。この物語の生成については、高橋昌明氏の詳細な研究によって解明されている。かくして、頼光像は実態とは無関係に、怪異を撃退する英雄に発展していったのである。

何故、彼の伝承が肥大化していったのであろうか。遡って彼の武士としての実像を検討しながら、論じることにしたい。

頼光の実像

頼光の没後、ほぼ一世紀を経て編纂された『今昔物語集』には、頼光を主人公とする説話は一つしかない。巻二十五ノ六「春宮大進源頼光朝臣、狐を射る語」である。これによると、三条天皇が東宮時代、大進として仕えていた頼光は、東三条殿の屋根に眠る狐を射るように命ぜられた。彼は辞退したが聞き入れられず、与えられた蟇目《ひきめ》の矢を使いやすい征矢《そや》に代え、守護神の助けを求めて射殺に成功したという。

武具や戦闘方法に詳しい近藤好和氏は、この説話において、頼光が辞退を申し出た理由に注目された。『今昔物語集』には次のように記されている。

若ク候ヒシ時、自然《おのづか》ラ鹿ナドニ罷合《まかりあひ》テ、墓々《はかばか》シカラネドモ射候ヒシヲ、今ハ絶テ然ル事モ不仕候《つかまつりさふら》ハネバ、此ノ様ノ当物《あてもの》ナドハ、今ハ箭ノ落ル所モ思エ不候

すなわち、頼光は若い時には狩猟などを行ったものの、その機会もほとんどなくなり、弓矢の技量も低下したため、矢は何処に落ちるかわからない始末で、狐を射る自信がないというのである。その上に、兵の家であるがゆえに、失敗は許されないという状況に追い込まれた。このために、彼は守護

神に頼らざるを得なかった――まさに苦しいときの何とやらということになる。こうしたことから近藤氏は、一見すると屋上の狐を見事に仕留めた成功譚のように思われるこの説話を、実は頼光の武芸の技量の限界を示すものとされたのである。

彼が春宮大進であった時期は、正暦から寛弘年間（九九〇～一〇一二）の長期にわたっており、頼光の年齢も四十～六十歳程度に及んでいる。このため、老化も多少は影響したのかも知れない。しかし、技量低下の主たる原因は、『今昔物語集』にあるように狩猟などの機会がなかったためであった。源平などの軍事貴族にとっても、所領における狩猟などの訓練なくして、技量の維持は困難だったのである。満仲が、多田の所領を形成した理由は、武士団の維持とともに、自身の武人としての技量を錬磨することにあったことになる。

もっぱら皇族・貴族と交わり、受領・春宮坊《とうぐうぼう》の職員などとして京で繁忙な生活を送った頼光にとって、所領への下向や狩猟などの機会はほとんどなかったものと考えられる。だいいち、道長の権力が安定したために、政争も消滅し武力が抗争に用いられる可能性も低下していたし、悪僧たちの強訴なども激化しておらず、頼光のように京で活躍した軍事貴族には武力を強化する必要もなかったのである。新たな所領形成目指して大和に進出し、興福寺などとの抗争を繰り広げた頼親、自力救済が展開する東国の受領を歴任して内乱鎮圧も行った頼信といった弟たちとは性格を異にしていたと考えられる。

それだけに、『今昔物語集』の頼光像は真実に近いのではないだろうか。なお、このほかに頼光が登場する説話は、弟頼信との関係を物語るものと、頼光の郎等たちの活躍が記されたもののみである。

高橋氏は、頼光が酒呑童子伝説の主人公となる背景の一つとして、頼政の大内守護に代表されるように、摂津源氏が王権をケガレや魔物から防禦する存在であったこと、さらに音読の「ライコウ」が魔物を攘《はら》う雷公に通じることなどを指摘された。また、いわゆる四天王のうち、渡辺綱が、鎌倉中期の『古今著聞集』から登場し、しかも四天王伝承の中心的役割を果たしていることなどから、渡辺惣官の地位を奪われるなど、鎌倉時代に遠藤一族に圧迫されていた渡辺党が、始祖伝承として造形した可能性が高いことなどを指摘された。渡辺党が、頼光の後裔頼政の郎等として活躍したことから、頼光は綱の主君に位置づけられ、頼光像は益々肥大化していったというわけである。

頼光の伝説が肥大化した理由として、これに付け加えるとするならば、彼の実際の活動が不明確であったこと、そして鎌倉初期にはすでに王権の守護者という認識が成立していたことの二点が指摘できよう。『今昔物語集』に見える彼の姿と考え合わせるならば、平安後期の諸書で頼光が武士として特記された理由は、彼個人の武芸の優秀さによるものではなく、一条朝の安定を実現した朝廷の守護者として評価された結果と考えられる。

彼にはほとんど武士としての事績がない。実は、このことが彼が評価される原因となった。はなばなしい合戦に巻き込まれなかったことこそが、社会と王権が安定していた証拠であり、こうした安定をもたらしたことが、武士頼光の功績と評価される結果になったのである。言い換えれば、頼光が一条朝という、王朝の黄金時代として回顧される時代に生きたこと、ここに彼が高く評価された根本原因があったのかもしれない。

頼光の郎等たち

先にもふれたが、『今昔物語集』には頼光の郎等たちの姿が描かれている。これを通して頼光が組織した武士団の性格を検討してみよう。同書に登場する郎等は、平貞道・平季武・坂田公時の三名である。

頼光の郎等は、よく四天王と称される。残る一人が渡辺党の祖とされる渡辺綱である。鬼同丸の討伐や一条戻橋における鬼との対決など、彼は種々の説話において、四天王の筆頭とも言うべき活躍を示すが、先に紹介した高橋氏の指摘の通り、その名前は『今昔物語集』には登場していない。

伝・坂田金時の墓（満願寺・兵庫県川西市）

第二章でもふれたように、『尊卑分脈』によると綱は嵯峨源氏で、武蔵権介となった任（仕）の孫、父は武蔵国箕田に居住し、『今昔物語集』巻二十五ノ三「源充、平良文と合戦する語」に、平良文と決闘したという説話を残す充（宛）であった。その後、満仲の婿であった仁明源氏敦の養子となり、満仲、ついで頼光に伺候して、渡辺党の祖となったとされる。すなわち、東国で武門となり畿内に拠点を築いたことになり、伊勢平氏や秀郷流佐藤氏などとも共通する性格が見出される。

この経緯をただちに否定する証拠はない。しかし、高橋氏が説くように、彼が説話に登場するのが鎌倉中期の『古今著聞集』以降であり、しかもその後の説話において、頼光以上に重要な役割を果たしていることから見て、綱の存在自体が渡辺党の始祖伝承として創作された可能性は高い。また、説話も後世のものとなるので、内容の具体的分析は省略したい。ただ、満仲が武蔵の武士を組織したり、畿内周辺における弱小な軍事貴族を頼光が郎等化していた事実が反映された可能性のみを指摘しておこう。

さて、他の貞道以下の三人であるが、彼らは『今昔物語集』巻二十八ノ二「頼光郎等共、紫野見物語」にそろって登場する。これは、三人が賀茂祭における斎院の帰還を見物しようと、女房車に乗って紫野に出掛けるが、乗り慣れない牛車で車酔いを起こし見物どころではなくなるという他愛のない笑い話である。

笑い話ではあるが、作者は彼らを単に嘲笑するわけではない。彼らは見目も秀麗で、腕もたち、思慮深く、剛胆で至らぬ点のない存在であったと称賛されており、それだけ優秀な武士の大失策ゆえに、落差も大きく可笑しさも深まることになるのである。こうした武士に対する賛辞は、頼光のもとで王権を守護する、有能で頼りになる存在という見方の現れと言えよう。

ここで注目されるのは、彼らが「東ニテモ度々吉キ事共ヲシテ、人ニ被恐《おぢられ》タル兵共也ケレバ、摂津ノ守モ此レ等ヲ止事無キ者ニシテ、後前ニ立テゾ仕ヒケル」と記された点である。この部分について、頼光が東国受領となった時に、郎等として活躍したという解釈もある。しかし、先述のように頼光は美濃守にはなっているが、それ以東の受領になった形跡はなく、にわかに従いがたい。

野口実氏の研究によると、三人のうち、平貞道は将門の叔父良文の子で、相模国を拠点として三浦氏の祖になった人物である。したがって、「東ニテモ度々吉キ事共ヲシテ」とは、彼らが本拠である東国で武士として活躍していたことを意味すると考えられる。東国の豪族たちは、かの平将門が藤原忠平を、平忠常が藤原教通を、それぞれ主君としたように、中央の有力貴族と結んでおり、再三上洛する機会があったと考えられる。貞道についても、『今昔物語集』に京と東国とを往復する説話が見られる（巻二十五ノ十、巻二十九ノ十九）。

三浦氏が開発した所領が、道長の外孫で三条院の養女儇子内親王領三崎荘となるが、こうした寄進が可能となったのも、摂関家の有力者と関係を有したためであろう。そして摂関家の家産機構を通して頼光、のちに頼信兄弟に接近したものと考えられる。こうした東国より上洛する豪族的な存在を、郎等として組織していたのである。

では、彼らの役割はどのようなものであったのだろうか。『今昔物語集』巻二十七ノ四十三によると、平季武は美濃守であった頼光の郎等として下向していた。受領の任国支配の爪牙《そうが》となる、いわゆる受領郎等として随行していたと考えられる。貞道や季武たちは、東国から上洛した際に頼光のもとに伺候し、在京活動に参加することもあっただろうが、頼光が受領に就任した際には受領郎等として、任国の支配の一端を担当していたのであろう。彼らは、軍事貴族としての官位を有する独立性の強い家礼型郎等であり、それゆえに後述のごとく、貞道は弟頼信にも従属することになる。日常的な活動は多田などに居住する隷属性の強い郎等が支えていたのではないだろうか。

頼光の死去

頼光が死去したのは、治安元年（一〇二一）七月十九日のことであった。当時権左中弁であった源経頼の日記『左経記《さけいき》』に明記されている。武門源氏歴代で、初めてその訃報が貴族の日記に記されたことになる。もっとも、経頼は何の感慨も述べてはくれなかったが。死去の報がすぐに伝わっていることから考えれば、父満仲と異なり京で死去したことは確実である。

その年齢については、六十八歳説、七十四歳説などがあるが、先述のように確かなことはわからない。父に代わり、朝廷に登場したのが永延二年（九八八）だから、三十年余りの活躍で、死去当時、六十は越えていたと考えられる。前年に婿の道綱を失い、娘の悲嘆に直面したことも、老齢の頼光にはこたえたことであろう。彼が終生奉仕につとめた道長も、病気をきっかけとして、寛仁三年（一〇一九）に五十四歳で出家していた。三条上皇も、先述のように寛仁元年に死去しており、頼光が仕えた人々は、おおむね政治の第一線から退いていたことになる。

頼光にしてみれば、彼が奉仕した道長の権勢の頂点を見極めたことで、一応政治的には達成感を抱いていたことであろう。嫡男頼国も、すでに殿上を許された上に四位に達し、後一条天皇やその母彰子の側近として安定した政治的地位を確立していた。ただ、心残りがあるとすれば、ついに公卿に就任できなかったこと。そして、最後に就任した摂津守が任期途中だったことではないか。

前者の公卿問題は、摂関政治の確立とともに、成立期の変動が鎮静化し、摂関子弟とそれ以外の身分差が拡大し、さらに公卿と諸大夫の身分格差が固定しはじめた結果である。摂関政治確立の段階で、身分秩序は流動する面もあった。岳父平惟仲《これなか》や、その好敵手藤原有国のように、父が受領でありながら公卿に昇進した例もある。

しかし、道長の権力が確立してから以後、公卿の子息以外の者で、受領を歴任して公卿に至ったのは、道長の家司泰憲《やすのり》ただ一人である。院政期のように、身分秩序が流動的であれば、あるいは体制が動揺し、武人として活躍の機会が増加していれば、頼光も公卿の壁を突破できたかもしれない。

一方、後者の摂津守就任には所領の問題が関係していたと考えられる。彼は頼国に京を託し、所領の経営に専心する布石を打ったのではなかっただろうか。それを事実とすれば、身分の壁を痛感した頼光が、最後の最後で武士としての性格を表出させようとしたことになるのかもしれない。

父満仲は、摂関政治確立の過程で黒子の役割を果たした。これに対し、頼光の生涯は、摂関政治の極盛期を築いた道長に、表の世界でひたすら追従・奉仕し、官位の上昇を目指したものであった。その意味では、全く一般貴族と異なるところはなかったことになる。それは、先にも述べたように、当時の軍事貴族が貴族と武士との境界も曖昧な兵家貴族という段階にあったこと、そして政治体制が安定した時代に活躍した結果でもあったと言えよう。

武士でありながら貴族社会と調和した存在という点で、白河・鳥羽院政期の平忠盛と官歴も立場もきわめて類似している。もちろん、忠盛は兵家貴族段階を脱却し、院政の武力基盤として、軍事的緊張に対応して活発な軍事行動を行っており、地方武士を組織化するなど武士団の規模も大きく異なっていた。しかし、彼らはいずれも貴族社会での昇進・活躍を第一に考え、武士の政治的利害を代表するなどということは顧慮してはいなかったのである。それが、内乱勃発以前の軍事貴族に共通する当然の姿であった。

もちろん、父満仲が果たした武的な役割が全く消滅したわけではない。そうした側面をより明確に継承したのは、二人の弟頼親と頼信であった。次に、この二人について取り上げ、兄頼光との関係にふれるとともに、その事績を通して頼光と対比し、頼光との性格の相違を浮き彫りにしたい。

2　大和源氏頼親

伝説の世界でのみ、武人としての姿を示し、もっぱら有能な受領として記録に登場した頼光であるが、その弟たちには異なる相貌が見える。以下では、それぞれ大和源氏、河内源氏の祖となった頼親と頼信について、簡単に事績にふれることにしたい。

頼親と摂津

長和三年（一〇一四）二月のこと、当時左大臣・内覧の地位にあって、三条天皇と対立していた藤原道長は、一人の人物を摂津守に推挙した。しかし、日頃は道長に押されてばかりいた三条天皇も、権大納言藤原実資らの同意を得て強硬に反対したため、この人事は実現しなかった。彼らが反対した原因は、その人物が「かの国（摂津）に住し、所領はなはだ多く、土人（土着した土豪）の如し」（『小右記』）と称されたことにあった。

すでに述べたように、当時は特定の国に多くの所領を有する人物を、その国の受領に任じないことが原則となっていた。それゆえに、天皇以下は人事に強く反対したし、さすがの道長も撤回せざるを得なかったのである。かく言う道長自身、このわずか八年前の寛弘三年（一〇〇六）、右大臣藤原顕光の推挙で就任した伊勢守平維衡が、伊勢に多くの所領を有しているとして激しく非難を浴びせ、辞任に追い込んだ過去があった。道長が自己矛盾を承知していないはずはないだろう。そこまでして強引に摂津守に推挙された人物こそ、満仲の次男にして頼光の弟である頼親に他ならない。

彼は周知の通り、大和源氏の祖である。何と三度にわたって大和守に就任し、大和に拠点を築いている。しかし、右のできごとを見ると、大和に進出する以前の頼親は、摂津国を拠点としていたことが明らかである。ここで注目されるのは、彼が摂津国に多くの所領を有するだけでなく「住」した点である。むろん、彼は受領に就任しているから、京の政治的地位を保持しており、摂津には満仲と同様、留住していたことになる。だが、「土人」のごとしとあるように、そうとう頻繁に拠点に下向していたと考えられる。

すでに述べたように、所領は武力の基盤となるものであり、自身の武士としての技量を磨く場でもあった。先述のように、頼光には、最晩年の摂津守就任を除いて、摂津国や所領に関係した史料は見出されていない。武士的な性格を表出させず、もっぱら貴族として活動した頼光は、所領と深く関係することはなかったのである。逆に所領と深く関わった頼親は、貴族的な兄と対照的に、武士的な性格を強く表出させることになる。このほか、後述するように郎等秦氏元が摂津に居住した記録もあり、摂津が彼の武力基盤となっていたことが明白である。

残念ながら頼親の本拠や所領の所在地、所領獲得の経緯を示す史料は残っていない。ただ、彼の子孫の中に「豊嶋」を号する者が散見している。「豊嶋」とは、多田荘がある摂津国河辺郡に隣接する同国の豊嶋《てしま》郡を意味すると考えられる。すなわち、頼親の所領は、多田に近い豊嶋郡にあったのではないだろうか。あるいは父満仲の時代に開発された所領を、頼親が継承したのかもしれない。

その彼は、長元元年（一〇二八）九月、前任者大江景理《かげまさ》の死去後、再度摂津守就任を申請したが、菅原為職《ためもと》に敗れている（『小右記』九月二十八日条）。兄頼光に比べて政治力が劣っていたとも言えるが、親しく仕えた道長がすでに死去していたことも影響したであろうし、後一条天皇側近だった頼国ら摂津源氏が反対した可能性もある。摂津国における勢力拡大は様々な圧力で阻まれる結果となった。

ここに、摂津よりも、興福寺という障害と対峙しながらも、大和に執着した原因があったと考えられる。

頼親の生涯

彼の母親については、先述のように藤原致忠の娘である可能性が高い。生没年は不明だが、弟頼信が安和元年（九六八）の生まれとされること、また永承五年（一〇五〇）には三度目の大和守に在任していたことなどから、おそらくは頼信生誕に近い時期に生まれ、かなりの長寿を保って十一世紀半ばに没したものと考えられる。

彼も早くから武士としての名前が出る。すでにふれたように、正暦五年（九九四）三月の盗賊追捕に際して、叔父満正、弟頼信、平維将とともに、「武者」として官職と無関係に動員を受けている（『本朝世紀』『日本紀略』）。当時、武士としての名声を確立していたことになる。また、長徳二年（九九六）五月の伊周・隆家配流における内裏警護でも、兄頼光や平氏の武将たちとともに動員を受けている（『栄花物語』）。

この間、彼も兄の頼光と同じく道長以下の摂関家に奉仕した。強引な摂津守推挙も、頼親が道長に近侍していたことを明示する。彼の受領初任は寛弘三年（一〇〇六）の大和守であるが、この在任中に第四章でふれた道長の金峯山参詣が行われている。これを頼光の道長に対する奉仕の早い例として紹介したが、当然大和守であった頼親も、道長の参詣に際して様々な奉仕を行ったことであろう。

頼親はこの大和守を皮切りに、淡路・伊勢守を経て、長元四年（一〇三一）に再度大和守、さらに信濃守を経て永承二年（一〇四七）から三度目の大和守に就任している。おおむね受領として生涯を送ったことになり、一応成功した受領と言えるが、兄頼光に比べると、任国の格はやや低いように思われる。

興福寺（奈良市登大路町）

それはともかく、彼の官歴における最大の特色は三度にも及ぶ大和守就任である。このことは彼の大和国に対する強い執着を物語る。大和国の所領は、子孫宇野氏の拠点となった宇智郡に存したと考えられる。すでに八十歳を越えたと考えられる永承二年に、三度目の大和守に就任したことは、頼光と同じように、最晩年になって所領所在地の受領就任を許可されたという事情があったに相違ない。したがって、頼親には所領拡大などの野心が伏在していたものと考えられる。

しかし、その前に強大な勢力を誇った興福寺が立ちはだかった。就任から三年目の永承四年、長男頼房が僧徒を殺害したことから、その翌年になって老体の頼親は土佐に、頼房は山陰の孤島隠岐に配流されるという運命をたどることになる。

父満仲から継承したと見られる摂津の所領は、兄頼光に始まる摂津源氏の拠点にも近く、大きく発展することが難しかった。それだけに、兄から自立するためにも独自の拠点の構築を急いだのではないだろうか。ともに道長に仕えた兄弟ではあるが、先述した寛弘三年における道長の金峯山参詣以降、両者が共同で行ったり、共に出仕した事例などは存していない。摂津の所領などをめぐる微妙な対立が伏在していたのではないだろうか。

かつて道長は、初めて大和守に就任した頼親と興福寺との抗争に際して、頼親の言い分を一方的に認めていた（『御堂関白記』寛弘三年七月十二～十五日条）。しかし、時代が変わると摂関家の側の対応も異なってくる。興福寺の勢力が巨大化するとともに、摂関政治が確立して政治が安定すると、軍事貴族の必要性が低下したことも影響したのであろう。大和における頼親の立場も弱体化してしまったのである。

殺人の上手

頼親が早くから武士としての性格を顕現していたことはすでにふれた。そうした荒々しい性格が生じた背景には、強引な大和における勢力拡張により、つねに軍事的に抗争を繰り返したことが関係しているものと考えられる。

事実、彼は大和における事件に関連して京で殺人事件も起こしている。寛仁元年（一〇一七）三月十一日、即位したばかりの後一条天皇の行幸で賑わう京で惨劇が起こった。日も西に傾いた申刻（午後四時ごろ）、六角・富小路にあった住宅が七〜八騎の騎兵と、十人余りの歩兵に襲撃され、住人の前大宰少監《しょうげん》清原致信《むねのぶ》が殺害されるに至った。彼はかの才媛清少納言の兄、そして第三章の最後に紹介した満仲と心温まる和歌の贈答を行った肥後守元輔の息子だったのである。

検非違使は早速捜査を開始し、実行犯の一人に秦氏元の子がいたことを突き止め、氏元の在所を調べるとともに、彼が頼親の従者であったことから、実は頼親が事件の張本人であることを解明するに至った。この報告を受けた道長は、その日記『御堂関白記』に次のように記した。

人々広く云ふ。件の頼親、殺人の上手なり。たびたびこの事あり

武士――軍事貴族――は、貴族社会において殺害、傷害の常習者として、治安を維持するよりも、むしろ紊乱する存在であったとされるが、まさに彼の行動はその典型ともいえるかも知れない。しかし、殺された致信もさる者であった。

彼は、大和守だった藤原保昌に仕え、大和で頼親の名を借り威を奮った当麻為頼《たいまのためより》殺害に関与していたのである。為頼は先述した寛弘三年の興福寺と頼親の対立に際して、僧坊などに放火した当事者である。致信殺害はその報復であった。殺人、抗争といった荒々しい残忍な世界は、何も武士のみに限

定されていたわけではない。文人の代表と言える清少納言の兄でさえも、そうした世界に関与していたことになる。

自力救済的な行動原理は、貴族社会の底流に渦巻いていたのである。当時の武士を、ことさらに残虐な存在として、現代の犯罪集団などになぞらえて指弾する理解は明らかに間違っている。それにしても、あの心温まる和歌の贈答を行った人々の息子同士が無残な殺しあいを演ずるとは…。自力救済が深く浸透しつつあったこと、言い換えれば中世の到来を控えた社会の変容を痛感させられるのである。

閑話休題。この事件の背景には大和国における保昌一党との紛争が関係していたことになる。一方、実行犯の父秦氏元は摂津国に居住していたことが判明した。まさに、頼親の旧来の本拠摂津国と、新たに進出を企てた大和国の双方が事件と関係していたのである。殺人の応酬まで繰り広げながら、勢力の浸透を図ったところに、大和国に対する強い執着を看取することができよう。

なお、保昌は先述のように、頼親の母方の伯父に当たると考えられる。彼は道長の側近の家司として重視され、再度大和守に就任したほか、晩年の長元年間には頼親が切望した摂津守となるなど、頼親と競合する面が強かった。両者は同じ道長側近でありながら、熾烈な対立も内包していたと考えられる。

それはともかく、「殺人の上手」などと称されるところに、頼親の殺伐とした陰惨な性格を見出すことは容易である。それが、満仲の性格を継承したものであり、摂関政治確立時期には政敵の恫喝などに利用されてきた性格であった。受領として成功した兄に対抗するためにも、そうした側面を頼親は重視したのではないか。しかし、道長・頼通のもとで体制が安定すると、それは必要とされなくなってきていたのである。ここに、頼親の悲劇の原因があったと考えられる。

その後の大和源氏

嫡男頼房とともに配流されたことが物語るように、結局は興福寺との抗争に敗れて大和に強固な勢力を築くことはできなかった。この結果、大和源氏は、摂津源氏・河内源氏にくらべて、最も「ぱっとしない」一門となってしまうのである。それでも、再起の可能性はあった。

頼親の孫頼俊は、治暦三年（一〇六七）に陸奥守に就任していたが、三年後の延久二年、後三条天皇の命令を受け、地元の豪族清原氏の協力も得て、「衣曽嶋《えぞ》」（蝦夷島）「閉伊《へい》七村」など、陸奥北部の三方面に対する討伐を敢行した（『平安遺文』四六五二号、前陸奥守源頼俊申文）。この追討行為は、入間《いるま》田宣夫《だのぶお》氏らの研究によると、桓武天皇を模倣した後三条天皇が、自身の権威を示すべく遂行した大規模な蝦夷討伐であったと考えられている。

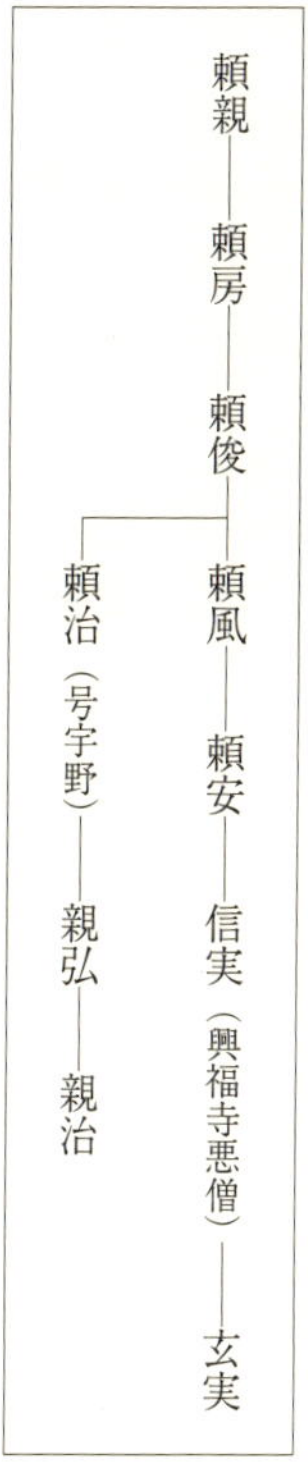

大和源氏系図

当時の武士には二つの側面があった。すなわち、京にあって王権を守護する側面と、辺境にあって夷狄を討伐する側面である。前者は摂津源氏や滝口の武士などが体現したのに対し、後者は、鎮守府将軍や奥羽の受領に多く就任した桓武平氏や秀郷流など、東国に拠点をおく軍事貴族たち、そして十一世紀半ばに安倍氏が惹起した前九年合戦を平定した河内源氏頼義などに代表されていた。大和源氏は、そうした武門に飛躍・発展する契機を得たことになる。

しかし、頼俊は追討行為を陸奥の印鎰を奪った在庁官人藤原基通らに妨害されたこともあって、朝廷から恩賞を与えられることはなかった。その基通を追捕・捕縛したのは、隣接する下野の国守であった河内源氏の義家に他ならない。彼の父頼義は摂関家のもとで前九年合戦を鎮圧し、辺境における夷狄討伐の第一人者となっていた。大和源氏は、政権の交代に伴って、その座を奪う絶好の好機を逸したのである。かくして、奥羽における名声、すなわち夷狄鎮圧の役割は、基通を追捕(『扶桑略記』延久二年八月一日条)した義家に奪回されてしまうことになる。

その後の大和源氏に、またしても不幸が襲う。嘉保二年(一〇九五)十月、美濃守義綱の解任を求めた延暦寺・日吉社強訴の際、関白師通の命を受けた頼俊の子頼治は、日吉社の神輿にも攻撃を加えて撃退する(『中右記』十月二十四日条)。ところが、四年後の承徳三年、師通が三十八歳の壮年で急死し、神輿撃退の祟りとの噂が流れた。そのためか、頼治は配流されてしまうのである(『歴代皇記』康和二年九月条)。

かくして、政治的地位も低落させた大和源氏は、摂関家の家産機構に従属する矮小な存在となり、武士として華々しい活躍を示す者が現れることはなかった。頼治の孫親治は、藤原氏長者として摂関家の中心だった頼長の家人として在京していたが、保元の乱勃発直前に検非違使によって追捕され、合戦に加わることさえもできなかった。

ただ、頼治の兄頼風の孫で、鳥羽院政期に台頭した興福寺の悪僧信実を忘れることはできない。「日本一悪僧武勇」(『尊卑分脈』)を謳われた彼は、祖先の仇敵ともいうべき興福寺の内部に入り込み、摂関家の大殿藤原忠実やその後継者頼長の支援を受けて、保元の乱に至るまで寺内の実権を握ることになった。これも歴史の皮肉というべきか。

3　夷狄の平定

頼信と東国武士

頼信の子孫河内源氏こそは、頼光に始まる武門源氏嫡流摂津源氏を凌ぎ、鎌倉幕府・室町幕府の創始者を出して、武門源氏の、というよりも武士全体の中心となるに至った。始祖である頼信と兄頼光、その後の摂津源氏・河内源氏の運命の対比などについて簡単にふれることを通して、頼光や摂津源氏の特色を浮き彫りにしてみたい。

『今昔物語集』巻二十五ノ十に「頼信の言により、平貞道、人の頭を切る語」という何とも物騒な説話がある。頼光の邸宅における宴会でのこと。弟頼信は、客にも聞こえる大声で頼光の郎等平貞道を呼び、駿河で頼信に無礼を働いた者を殺害するように命じた。貞道はすでに述べたように、のちの三浦氏の祖にあたり、相模に拠点をおく東国武士である。主君でもない頼信から、人前でいきなり殺人を命ぜられた貞道は呆れて、たちまち命令を忘れ去ったが、三〜四カ月後、東国に下ったおりに駿河国で例の男に出会った。

何気ない会話を交わし、いざ別れる際になってその男は「頼信が自分を殺せと命じているそうですな」と切り出した。貞道は奇異な命令なので従う気もない旨を答えたところ、男は余計な一言を言った。「此ノ事ヲセムト思スト云フトモ、己等許《ばかり》成ヌル者ヲバ、心ニ任セテ為得給《しえたま》ハムズルカ（実行しようとしても、私ほどの者を思いどおりに討ち取ることはできないでしょうな）」。いったん別れた貞道は、郎等たちとともに武装を整えて引き返し、たちまちに男を討ち取り、その首を頼信に献じたのであった。

結局、いきなり命じた殺人を思いどおりに実行させることになった頼信に対し、貞道は「哀レニ忝キ人ノ威也」と感服したことであった。無礼を働いただけで人を殺すとは、何とも物騒な話である。しかし、やはり実力で勝負する自力救済の世界において、力量を侮辱されることは堪えがたい屈辱であり、それを放置して弱体という噂でも広まろうものなら、命取りにもなりかねない危険を帯びる。だからこそ、東国武士たちは命懸けで名誉を守ろうとして戦うのである。

そうした性癖を知悉した頼信は、東国武士平貞道を用いて無礼者を討ち果たし、しかも彼を感服させたのであった。むろん、これはあくまでも説話であり、どこまで事実として信じてよいのかは不明確ではあるが、彼がこのように東国武士の性格を把握し、頤使できたことは事実であろう。そうであるがゆえに、頼信は平忠常の乱を平定し、河内源氏が東国に雄飛する基盤を形成することができたのである。

この説話をはじめ、先に触れた関白道隆暗殺を口走って頼光に制止された『古事談』の説話など、頼光と頼信がともに登場する説話は少なくない。当時の「一物」（逸物）と称された頼光と、子孫が武士政権を開く頼信という取り合わせは、説話の設定には好適であった。同時に、『古事談』の説話に代表されるように、血気にはやる頼信と、それを制止する思慮深い兄頼光という好一対の役割が与えられていた。

こうした物語が生成された背景には、単に年齢の問題だけではなく、どちらかと言えば、宗教的・呪術的な王権の守護者と見なされた頼光と、物理的な暴力で東国の兵乱を鎮めた頼信という対比もこめられていたのではないだろうか。

頼信の経歴

頼信が東国武士の心情を理解し、成功を収めた一因は、豪胆で武的な彼個人の性格にもある。彼は、先述のように藤原致忠の娘を母として、安和元年（九六八）に生まれたとされる。すなわち、母は武勇で知られた保昌の姉妹に当たり、母方からも武勇に優れた血統を受け継いだことになる。再三述べたように、正暦五年には兄頼親とともに、京・諸国の盗賊追捕に起用されており、早くから武勇を認められていた。

また、道兼の家人であったように、藤原北家に伺候し、道長の政権下でも追従に努めている。確認される最初の受領は上野国で、『御堂関白記』長保元年（九九九）九月二日条に、上野介頼信が道長に馬十頭を贈ったという記事が見える。兄同様、道長に近侍していたことは疑いない。なお、「介」とあるが、上野国は常陸・上総両国とともに親王任国のため、守は親王が任ぜられる名誉職で、介が受領であった。
以後、常陸・伊勢を歴任し、平忠常の乱に際して追討使任命の前提として甲斐守に補任され、同乱平定の恩賞として美濃守に、そして最晩年に本領のある河内守に就任している。最晩年の河内守補任は先述の頼光の摂津守補任と同様と言える。ただし、河内守補任の根拠となった石清水八幡宮に対する頼信の告文(『平安遺文』六四〇号、河内守源頼信告文案)については、すでに述べたように偽文書とする説もあり、慎重な検討も必要である。

それはさておき、平忠常の乱以前に確認される任国は、伊勢を除いていずれも東国で、畿内周辺の大国を歴任した兄二人に比べると、明らかに格下の扱いである。ことに頼光は美濃以東の受領を経験しておらず、著しく対照的な経歴と言える。結果的には、こうした東国受領の経験が、東国武士の気質を知悉するきっかけとなったわけで、ついには平忠常の乱平定という大きな成功につながることになった。

なお、寛仁三年(一〇一九)正月に石見守に補任された頼信も、一般には源頼信とされている。しかし、横澤大典氏の研究によると、この人物は検非違使から受領に任ぜられており、受領として初任であったことがわかる(『小右記』正月二十四日条)。したがって、すでに受領を歴任している源頼信とは明らかな別人である。

頼信が歴任した東国の受領には、桓武平氏一門が多く就任している。たとえば、上野国については、頼信離任後の寛弘年間に維衡《これひら》、維叙《これのぶ》などの貞盛流平氏が相次いで補任されている。常陸国は、かつて父満仲が在任したこともあるが、長保元年当時は平貞盛の甥で養子ともなった維幹《これもと》が、長和から寛仁にかけて維時《これとき》・維衡といった貞盛流の武将たちが相次いで補任されている。

これは、実際に不穏な動きも見える東国諸国において、東国近辺に拠点を有し、武力を動員しやすい桓武平氏一族を受領に起用した結果と考えられる。とくに常陸は貞盛の古くからの拠点で、のちの大掾氏となる維幹の系統が在庁官人として大きな勢力を振るっていたのである。

では、東国に基盤を有さない頼信は、如何なる武力や方法を用いて東国支配の実績を積んでいったのであろうか。

平忠常の屈伏

長元元年（一〇二八）に開始された平忠常の乱は、甲斐守補任を経て追討使に起用された頼信の登場とともに、たちまちに終息を迎えた。忠常は戦わずして降伏したのである。この背景には、すでに国内が荒廃して戦闘継続が困難となっていたこともあるが、同時にかつて忠常が頼信に臣従していたことが関係したとされる。

頼信が常陸介（受領）であったころ、忠常を屈伏させた事件を題材にした有名な説話が『今昔物語集』巻二十五ノ九の「源頼信朝臣、平忠恒を責むる語」である。常陸の受領となった源頼信は、彼に反抗的な下総国の大豪族平忠常を追討することにした。これを察知した忠常は、現在の霞ヶ浦・利根川付近に当たる内海にあった船をすべて隠し、頼信軍に陸路を大きく迂回させ、時間を稼ごうとした。ところが、頼信はそれまで東国に来たこともなかったにもかかわらず、「家の伝え」として大河の中の浅瀬の存在を知っており、彼の軍勢はたちまちに忠常の館に殺到した。これに仰天した忠常はただちに降伏、頼信に名簿を捧げて臣従したという。

頼信の豊かな知識が敵対者をも心服させたことになるが、「家ノ伝」とあるように、こうした知識は、将門の乱に遭遇した経基、武蔵権守や常陸介を経験した満仲のころから、一族の間に蓄積されてきたものであった。また、彼はすでに上野介を経験していたから、東国が初めてというのは虚構で、自身で情報を得ていたのかも知れない。いずれにせよ、巧みな戦略や戦術は勝利を確実にする。そうした畏敬の念は、国衙に関係する武士たちを組織する上で、大きな意味を有したものと考えられる。

この時の忠常追討に際して頼信が動員したのは、独立した平惟基《これもと》（維幹）の軍勢三千騎と、「国ノ兵」「館ノ兵」からなる二千騎の軍勢であった。惟幹はかつて常陸介も経験した軍事貴族で、国衙に深い関係を有するとともに、忠常を先祖以来の仇敵として対立していた存在である。受領の軍事行動に際して、こうした軍事貴族的な地方武士の去就は成否を決める要因となる。前九年合戦において、清原氏の参戦が頼義の勝利を決定したことも同様と言えよう。

国の兵とは国衙が組織した地方武士たち、館の兵は受領の直属軍で、京から随行した郎等や館の警備に当たる在庁官人などが含まれると考えられる。すなわち、受領自身が主従関係に組織している武士は僅かで、大規模な軍事行動に際しては、多くの在地の武士たちを動員しなければならなかったのである。

したがって、彼らの参戦を確実にするためには統率者たる受領の名声が不可欠であった。『今昔物語集』巻二十五には頼信を主人公とした説話が、このほかにも三話収められている。そこに描かれた頼信は、度量が大きく、威厳があり、武芸に油断のない優秀な武士である。もちろん文学ゆえの誇張も存するだろうが、武力基盤が存しない坂東で受領として実績をあげ、平忠常らの武士を従属させた背景には、こうした有能さ、優秀さも介在したものと考えられる。

彼が受領の郎等として随行した武士には、もちろん河内国石川に形成した所領の郎等たちも含まれていただろう。しかし、より注目すべきは軍事貴族層の存在である。『今昔物語集』巻二十五ノ十一「藤原親孝、盗人の為に質を捕られ、頼信の言に依りて免す語」に頼信の乳兄弟として名前が見える兵衛尉藤原親孝は、北陸を拠点とした藤原利仁《としひと》の末裔で、衛府の尉であったように軍事貴族としての性格を有した。当時、京にいた五～六位程度の軍事貴族たちが、受領の郎等となったことはよく知られているが、頼信の郎等にも共通する性格があったと考えられる。また、兄頼光に仕えていた平貞道なども、頼信の受領郎等に加わっていったことであろう。

彼の名声を決定的にしたのが、平忠常の乱の平定である。この結果は大きなものがあった。頼信は兄頼光が二度も就任した美濃守の地位を獲得、官職の点でも兄頼光にほぼ肩を並べている。そして、嫡男頼義が、桓武平氏の嫡流ともいうべき平直方《なおかた》の女婿となり、鎌倉の屋敷・所領・郎等、そして坂東における名声などを継承することになる。鎌倉の拠点は、東国における河内源氏の活動の大きな支えとなった。

それよりも重要な点は、前任の追討使平直方が失敗した平忠常の追討を頼信が成功した点に他ならない。桓武平氏こそは、東国における戦乱の鎮圧を担当してきた一族であり、いわば夷狄鎮圧の第一

頼義（奥右）と義家（奥中央）　『前九年合戦絵詞』（国立歴史民俗博物館蔵）より

人者だったのである。その地位は、まさに頼信に継受されることになった。かくして、河内源氏は東国・奥羽の夷狄鎮圧という役割を担うことになる。

頼義・義家

辺境において王権を脅かす夷狄の追討。河内源氏の最大の役割はそこにあった。永承六年（一〇五一）、陸奥国で国守に反抗した安倍氏の抑圧に、源頼義が起用されたのもそのためである。しかし、合戦は長期化し、出羽の豪族清原氏の支援を得てからくも勝利を得たに過ぎない。『陸奥話記』によると、来援した清原氏は一万騎に及ぶのに対し、頼義の軍勢は三千騎に過ぎなかったという。

前九年合戦が苦戦となったことは、河内源氏の名声に悪影響を及ぼしたと見える。先述のように、後三条天皇の即位直後の延久二年（一〇七〇）、大規模な北奥の討伐に起用されたのは大和源氏の頼俊であった。夷狄追討を担当する軍事貴族は、政権の交代とともに大和源氏に移動するかに見えた。しかし、討伐は在庁官人藤原基通の反抗で失敗し、基通は下野守義家により捕らえられた。

かくして、夷狄追討の役割は結局河内源氏が継承することになる。そして、清原氏の内紛である後三年合戦を義家が、嘉保元年（一〇九四）には出羽の平師妙の反乱を義家の弟義綱が、それぞれ鎮圧している。再三の兵乱の鎮圧によって、河内源氏の武名は高まり、京においても武士の第一人者となるのである。

この過程で、河内源氏は広範な東国武士を組織した武家棟梁に成長したとされる。しかし、実際には前九年合戦の武力は公的な動員によるものだし、後三年合戦の武力も清原氏などに依拠したものに過ぎない。『陸奥話記』に見える相模の武士佐伯経範《つねのり》は、頼義の年来の郎従で、頼義の戦死の誤報を信じて敵中に突入して戦死した。まさに、人格的に結合した武士だが、野口実氏の研究によると、彼は藤原秀郷流の軍事貴族で、京で頼義に臣従し、摂関家領波多野荘の荘官として下向した存在であった。先述した三浦氏の祖平貞道と同様の立場と言える。

寛治五年（一〇九一）六月、義家と義綱は河内における郎等相互の所領紛争から、京で合戦を構えるに至った。鎌倉時代に編纂された歴史書『百練抄』六月十一日条は、この時、朝廷が諸国に命じて義家随兵の入京を禁じたとする。この史料は、義家が諸国の武士を組織した証拠とされるが、同時代史料の『後二条師通記』同日条によると、入京を禁じられたのは「国司随兵」であった。すなわち、国司郎従や任用国司として諸国に散在し、義家にも郎等として随行した軍事貴族層を指していると考えられる。その意味では、頼信の段階と主従関係のあり方は基本的に変化していないと言えよう。

　一方、義家の段階となると、京における活動も活発となってくる。すなわち、悪僧の横行や強訴、そして白河と弟輔仁親王との対立という王権の分裂といった深刻な事態に際して、白河の行幸を警護したのは義家や義綱だったのである。『古事談』によると、白河院は義家愛用の弓を枕元に置くことで「物ノ怪」を撃退したという。もはや、河内源氏は宗教的・呪術的要素も含めて王権を擁護する存在となっていたのである。

　在京活動との関係で、河内の所領が重要な意味を有していたからこそ、義家と義綱は河内における郎等相互の対立で、合戦を企てる程の深刻な対立を生じた。また、義家は美濃において守部郡司出身の藤原資清《すけきよ》らを腹心とするなど、美濃を武力的な基盤として重視するようになっていたが、これも同様の意味を有すると考えられる。

　東国における名声を背景に、軍事貴族連合を形成して夷狄の討伐を担当してきた河内源氏は、畿内およびその周辺の郎等を組織し王権の守護者をも兼ねるようになったのである。当然、本来王権の守

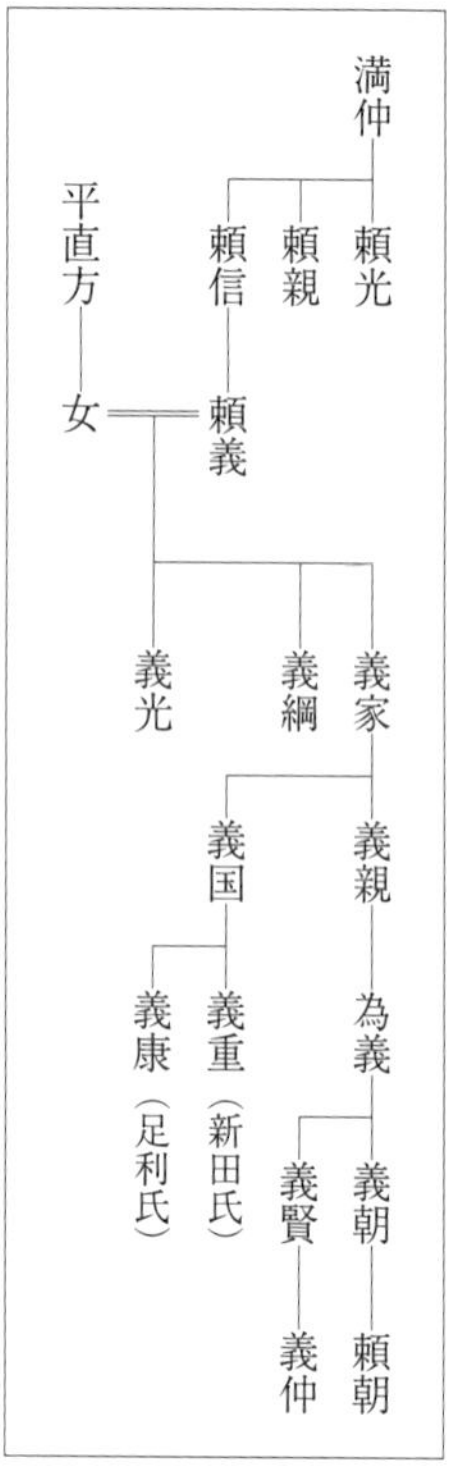

河内源氏関係系図

護を担当してきた頼光の系統にも大きな影響が出たと考えられる。次に摂関時代以降における摂津源氏の実態について、検討を加えることにしたい。

第六章　摂津源氏の動向

1　頼国と頼綱

文人的武人・頼国

頼光以後の摂津源氏はどうなってしまったのか。ほとんど歴史の中に埋もれた一族で、突然頼政のみが源平争乱の嚆矢となる一瞬の光芒を見せるが、それを除くとほとんど名前を知られている武将はいない。あとは、行綱が「風見鶏」と称されて、京近郊の弱体な武士の代表として揶揄される程度である。

以下では、満仲ゆかりの多田荘を継承した頼光の子孫、多田源氏の運命を取り上げる。摂津源氏一門は、室町時代の守護大名土岐氏の祖となる美濃源氏など、注目すべき活動を行った系統が多数あるが、全てにふれる余裕はない。ただ、先述した頼政のみは、多田源氏とは別系統ではあるが、重要な歴史的役割を担ったこと、そして渡辺綱ゆかりの摂津渡辺を基盤としたことから、取り上げることに

摂津源氏関係系図

したい。

さて、摂関政治全盛期に道長の有能な補佐役として活躍した頼光を継承したのが、長男の頼国である。『尊卑分脈』によると、彼の母は伊予守藤原元平《もとひら》の娘とも称されているが、すでに第四章で述べたように、藤原南家出身である元尹の娘が誤伝された可能性が高い。なお、弟頼家の母は、先述のように、兼家の家司《けいし》で中納言に昇った平惟仲《これなか》の娘とされ、身分的には上位となる。

頼国の生年は未詳であるが、彼は寛弘二年（一〇〇五）に蔵人所雑色《ぞうしき》となったのが史料初見で、この当時十代であったと考えられる。その後、漢文学を研究する文章道の学生である文章生《もんじょうしょう》から蔵人に進んでおり、明らかに文人的な性格が強い。歌人が多数現れるなど、摂津源氏の性格を規定する一因ともなったのではないだろうか。当初、蔵人に推挙されながら、文章生ではなかったことを藤原知章に批判され、辞退を余儀なくされたことは先述の通りである。

頼国が文人として高い評価を受けていたことは、寛弘四年（一〇〇七）四月には、道長のもとで行われた漢詩の会に際し、源為憲《ためのり》らとともに文人として参加したことからも明らかであろう。一方、『二中歴』巻二「諸司歴」の項目によると、同八年に叙爵《じょしゃく》し、当時としては珍しい大夫尉となったとされる。また、第二章でも取り上げた同書の「武者」の項目では、祖父満仲、父頼光や河内源氏一門らとともに名前が挙がっており、武者としての評価も高かったことが窺われる。

彼の受領としての経歴は、讃岐・美濃しか確認できないが、いずれも熟国であり、任国がこの二国のみであったとは考えられない。『小右記』長和三年（一〇一四）六月十八日条によると、彼はすでに内昇殿を許されており、位階も正四位下にまで昇ったことから考えて、受領層としては恵まれた経歴をたどった人物といえる。

彼は、一条天皇の六位蔵人、退位後の判官代をつとめ、葬儀に際して参列した僧の粥を用意するなどの奉仕をしている。さらに、その皇子で道長の外孫である敦成親王（のちの後一条天皇）に春宮時代から一貫して奉仕したほか、その母である道長の娘彰子にも中宮の時期から出家して女院となるまで仕えている。頼光が、道長と対立的だったとされる三条天皇に奉仕していたころ、平行する形で道長の娘や外孫に仕えていたことになる。したがって、武門源氏と冷泉・三条との関係のみを重視する見方などは、全く一面的なものに過ぎないのである。

また、父頼光の場合、道長には近侍したものの、政所別当である家司には正式に就任した形跡がない。この点を考え合わせれば、道長の一家に対する接近が一層緊密になったといえよう。さらに、娘

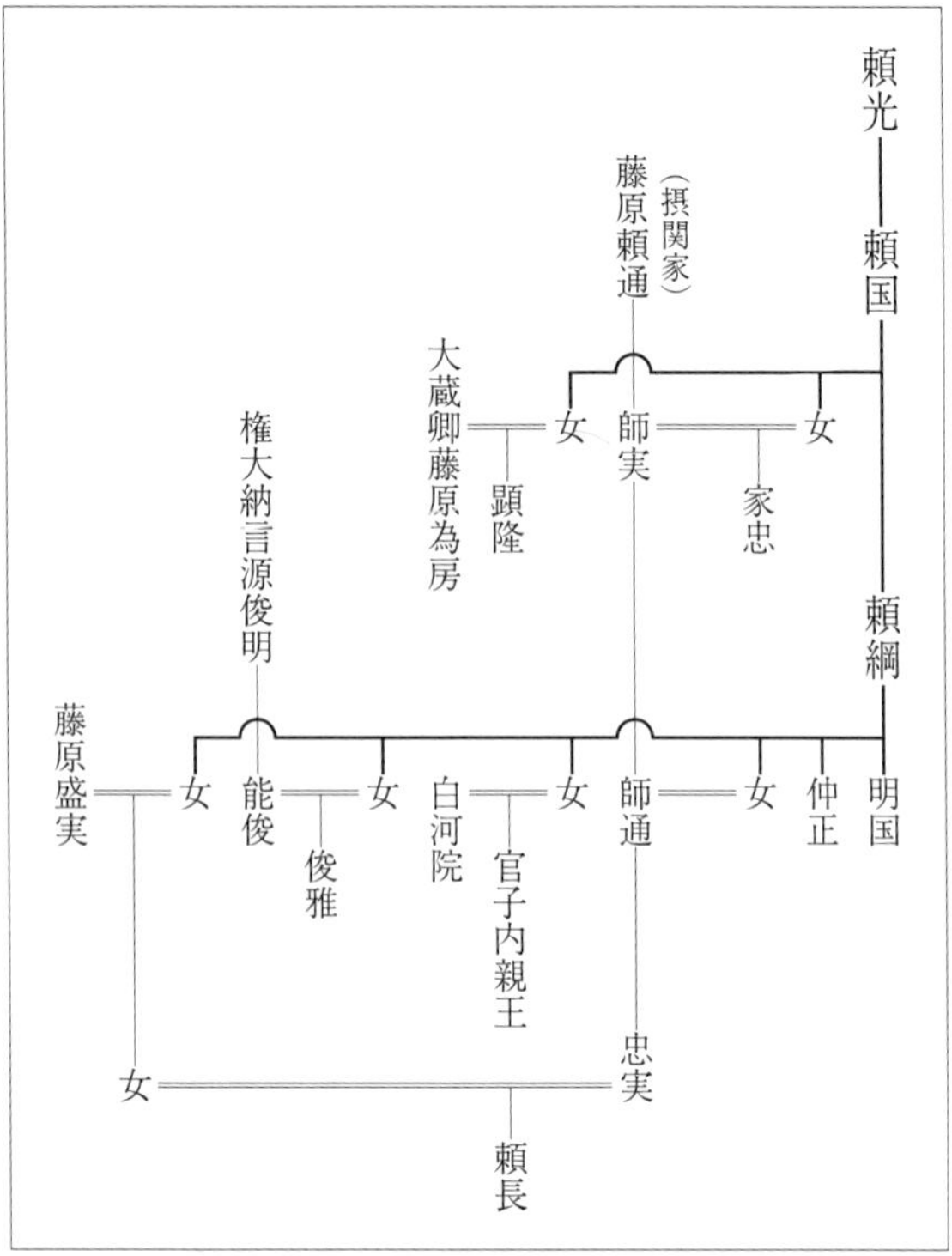

頼国・頼綱の姻戚関係

を頼通の長男師実の室として、のちの花山院家《かざんいんけ》の祖となる左大臣家忠を儲けたほか、白河院政期に院近臣として活躍する摂関家の有能な家司藤原為房をも娘婿とし、白河院の懐刀として「夜の関白」と称された顕隆を儲けるなど、姻戚関係の面でも摂関家と密接な関係を結んでいた。

反面、武人としての事績は、父と同様に乏しい。若いころには検非違使として活動し、道長の命令をうけて犯人を連行したこともある。特筆するほどの事件はないが、寛仁三年（一〇一九）八月十一日には、禁中の太皇太后彰子の在所近くに、抜刀の法師が乱入した際、これに走り向かって取り抑え、二日後に従四位上に叙された（『小右記』）ことは、武人としての面目を示したと言えよう。やはり、武芸を家職としながらも貴族社会に違和感なく存在し、安定した地位を保持した人物ということになるだろう。『多田系図』は天喜元年（一〇五三）に没したとするが、もとより不確実である。

歌人頼綱

頼国から摂津源氏嫡流を継承したとみられるのが頼綱である。『尊卑分脈』は頼綱を五男とするが、兄弟中で最も高い従四位下に昇進し、確実な事績も多い上に、摂津源氏の本領多田荘を支配しており、彼が嫡男であることは間違いない。なお、頼光の弟頼範の子に頼綱の名があり、頼範が頼光の、頼綱が頼国のそれぞれ養子となったとする説もある。真相は不明だが、頼綱が後継者となるに際して、嫡男をめぐる混乱が存したごとくで、予想外の継嗣という事態を示唆するものと考えられる。

すなわち、頼綱の兄たちのうち、頼国の長男とされている頼弘については事績不明で、早世した可能性が高い。次男頼資は、康平五年（一〇六二）、下野守在任中に闘乱を起こして配流されて失脚している（『百練抄』等）。さらに、三男頼実は歌人として知られたが、三十歳の若さで早世してしまった。こうした不測の事態が嫡男の交代を招いたのであろう。頼綱は従四位下にとどまり、内昇殿も許されないなど、政治的地位は父や祖父に及ばなかったが、その一因は嫡男をめぐる摂津源氏の混乱にもあったのかも知れない。

頼綱の兄の中で注目されるのが四男の実国である。彼は常陸・土佐・薩摩などの受領を歴任し、従四位下に至った人物で、位階面では頼綱と同等であった。しかし、その子孫は摂津生島《いくしま》荘を伝領して、本所九条家の家司などを勤めており、内乱期にも武門という性格をあまり表出させることはなかった。要するに、一般の貴族に転化したのである。

まさに武門と文官との「互換性」、すなわち兵家貴族としての性格を物語る例として興味深い。『中外抄』によると、河内源氏の頼信は関白頼通に、長男頼義を武士として推挙したのに対し、次男頼清を蔵人として推挙したという。この段階の軍事貴族には、一門から一般貴族が出現する可能性があったのである。

また、頼綱の弟国房の系統は美濃に拠点を築き、その子光国、孫光信・光保と代々院の北面として活躍してゆくことになる。河内源氏と再三抗争を繰り返すなど、荒々しい武士としての性格を表出させた一族であるが、多田源氏とは同族としての交流も見られないので、本書ではふれないことにする。

いずれにせよ、官位の面はともかく、多田荘を継承し武門としての摂津源氏嫡流となったのは頼綱ということになる。その頼綱も父祖同様に受領として活躍したが、任国として確認できるのは僅かに下総と三河両国に過ぎず、晩年に「前三河守」とされていることから、三河が最終任国であった。同じ二カ国でも、父頼国よりも国の格式は下がる。位階と同様、受領としての地位の低下が看取される。

彼の最大の特色は、『今鏡』に「歌の道にとりて人もゆるせけり、我が身もことのほかにおもひあかりたるけしきなり」とあるように、抜群の歌才を謳われた点に他ならない。同書によると、

夏山のならの葉そよぐ夕暮は
　　ことしも秋の心地こそすれ

という如何にも清爽な趣の作品は、人々にも口ずさまれた、頼綱の代表作であったとされる。

この歌をはじめ、当時の勅撰和歌集『後拾遺和歌集』に四編が収録されたほか、『金葉集』にも二首、『詞花集』『続古今集《しょくこきんしゅう》』にも一首が入集するなど、時代を越えて歌人として高い名声を博している。若いころには、頼通時代の歌壇の中心で、清新な歌風で知られた能因《のういん》の影響も受けたとされる。摂政師実をはじめ、皇族・貴族が主催する多くの歌合で活躍するなど、和歌を通して多くの当時の貴顕たちと交流していた。こうしたことも、有力者との婚姻関係の締結に影響したものと考えられる。

彼は後で述べるように、父祖にもまして摂関家と密接な関係を有し、娘を関白師通の妾室としている。その一方で、白河天皇の後宮にも娘を送って、後の斎院官子内親王を儲けた。さらに、白河院の政務決裁を補佐するなど、院の懐刀として活躍した権大納言源俊明の息子能俊《よしとし》を婿として参議俊雅を儲けているし、土佐守藤原盛実《もりざね》の室となった娘は、のちの左大臣頼長の母を生んでいる。

したがって、頼綱も父や祖父と同様に、違和感なく貴族社会の一員として活躍していたことになる。しかし、その彼の代に、摂津源氏も大きな転換期を迎えていた。次にこの点にふれることにしたい。

摂関家家司頼綱　承保二年（一〇七五）十月三日、長年続いた摂関家における頼通・教通両系統の対立に最終的な決着がついた。教通の死去に際して後継関白となったのは、頼通の子息師実だったのである。教通の子息信長は関白を逸し、その系統は子孫も絶えることになる。師実の勝利は、白河天皇に入内し、当時その寵愛をほしいままにしていた師実の養女賢子の強い働きかけが影響していた。とはいえ、最終的な判断は白河が下したわけで、白河の決定によって師実は関白を確保できたことになる。

天皇の外戚関係を形成できなかった頼通は、姉上東門院の指示もあって、治暦三年（一〇六七）暮れに関白を辞し、弟教通が後を継いだ。さりとて、教通も外戚関係を有するわけではなく、彼の系統が関白を奪取することも困難であった。以来、後継者をめぐる両系統の対立が継続し、裁定を後三条、ついで白河の両天皇に仰いだことから、摂関家は天皇に屈伏し、政治主導権を天皇、のちの院に譲る結果となったのである。

前置きが長くなってしまった。その師実が念願の関白に就任した日、長者印や朱器大盤など、摂関家の当主を物語る至宝とともに、厩を象徴する蒭斤《まぐさのはかり》が新関白に継承されることになった。その時、急遽厩別当が任命されたが、それは本来の別当が下総守として赴任していたためである。この下総守こそ、源頼綱であった（『水左記』）。彼は、これ以前から師実に近侍し、その重要な家政機関の一つ、摂関家の乗馬・軍馬を管理する厩の別当となっていたのである。

さらに、寛治二年（一〇八八）の記録から、頼綱と摂関家との緊密な関係が浮き彫りにされる。まず、十一月十一日には師実の孫左中将忠実が春日祭使となった際、主に家司が選ばれる前駆を勤仕している（『中右記』）。ついで十二月九日には、師実の太政大臣昇進に際して開催された大饗において、頼綱は全般を取り仕切る雑事の行事の一人となり、さらに来客に対する料理を担当する上客料理所の政所方の役人に任じられている（『初任大臣大饗雑例』）。これらのことは、彼が師実の政所別当、すなわち家司の一人であったことを明示しているのである。

政所は摂関家の家政機関の中心であり、その別当は先述のように家司と称され、費用の徴発や儀式の運営など、家政の中枢に関与する存在である。むろん、本来私的な立場であり、任ぜられる者は、主君と密接な主従関係にあった。頼光・頼国の場合も、道長やその一族と密接な関係をもち、東宮・皇后宮などの役人という公的な立場には就いていたが、摂関家当主の家司になって家政に奉仕したという確実な記録はない。それだけに、家司として、師実に奉仕する頼綱の立場は注目すべきものと言えよう。

頼綱の段階で初めて公式に家司となった理由の一つは、当時摂関家の家政機関の整備・拡充が進み、家司が制度として確立されたことにあったと考えられる。摂関家の家政機関は、全盛期の道長の時期より、しだいに衰退に向かう師実や、その孫の忠実の時期に確立されている。これは、頽勢にあっただけに、機構を確立して奉仕する貴族たちを家司などとして確保しようとしたためであり、また荘園の集積に伴って家産機構が発展し、それを統括する政所などの機能が拡充されたためでもあった。

家司の多くは荘園において荘官の地位を与えられ、経済的にも摂関家との結合を強めていたのである。実は、頼綱の場合も、本領多田を介して摂関家との結合を深めていた。次にその点にふれることにしたい。

頼綱は『尊卑分脈』などに「多田」を号したことが記されており、摂津源氏歴代の中で多田との関係が明示されたのは、満仲以来のことである。そして、以後その子孫は、代々「多田」を称したとされる。したがって、以下では彼の子孫を摂津源氏一門の中でも、とくに区分して多田源氏と称することにする。

なお、頼光・頼国の代に多田との関係を示す史料はなかったが、これは彼らが多田荘と無関係であったためではなく、おもに京で受領などとして活動し、多田の経営を一族、あるいは郎等に委ねていたために、多田との関係をしめす記録が残らなかったものと考えられる。また、武人としての活動があまり活発でなかっただけに、武力の基盤としての多田も、あまり大きな意味を有さなかったのではないだろうか。

しかし、頼綱の時に多田は、それまでと大きく異なる重要な意味をもつようになった。その理由の一つは、彼が多田荘を摂関家に寄進したことである。時代は下るが、鎌倉時代半ばの建長五年（一二五三）に作成された「近衛家所領目録」によると、多田荘は「京極殿領」に分類されている。この荘園群は、本来頼通の段階に集積されたものとされており、頼綱の父頼国の代に寄進された可能性も否定できないが、頼綱が摂関家の政所別当として活動するようになった背景には、この寄進があったのである。

十二世紀のはじめにおける摂関家の家政の実態を記した『執政所抄《しっせいしょしょう》』という書物によると、多田荘は、師実の毎年の法事に際して松一二〇把を貢納しており、摂関家の年中行事を支える荘園の一つ

延暦寺悪僧の強訴　『天狗草紙』（東京国立博物館蔵）より

となるのである。かくして、本領の多田を介して、多田源氏は摂関家の家産機構に深く組み込まれ、その後は摂関家の動向と運命をともにすることになるのである。

結果的にみれば、この判断は摂関政治から院政に転換してゆく時代の趨勢を見誤ったことになる。しかし、師実は白河から譲位された堀河天皇の外祖父であり、その子師通は白河を斥ける強硬な姿勢を示していた。頼綱の段階で、摂関家の没落、院政の確立といった見通しなど、誰しも持ちえなかったのである。結果論による批判は、後代の人間の奢りであろう。

一方、頼綱には父祖と異なる活動が見られた。承暦三年（一〇七九）六月二日のこと、頼綱は甲斐守源仲宗《なかむね》や検非違使たちとともに、延暦寺大衆の強訴の防御に動員されている。この時の彼の肩書は「前下総守」に過ぎず、何ら武的な官職を有していなかったにもかかわらず、軍事的な目的で出撃することになったのである（『為房卿記』）。官職と無関係に軍事目的で動員されたことは満仲や頼光にもあったが、強訴の防御という大規模な行動は摂津源氏でもはじめてのことであった。

当時、多数の悪僧を擁した南都・北嶺――興福寺・延暦寺――は、再三強訴を繰り返して朝廷・院に大きな脅威を与えるようになっていた。このため、軍事貴族たちは、官職と無関係に軍事的な目的で頻繁に動員されることになり、次第に武士としての性格をより表に出さざるをえなくなったのである。この結果、郎等となる武力を補充する場所、また軍事訓練や軍隊の駐屯地として、京周辺の所領は重要な意味を持つことになる。ここに頼綱が多田との結びつきを強めたもう一つの原因があった。父祖や兄実国と異なり、武士としての性格を明確にしたのである。もはや、一般貴族ともなりうる可能性を残した兵家貴族段階を脱却したと言えるだろう。

頼綱は、下総守などとして下向したものの、地方に多くの郎等を得ることはなかった。本領多田を軍事・経済的な基盤とし、権門摂関家に政治・経済的に従属するとともに、官職と無関係に軍事行動に従事する存在となっていたのである。こうした存在形態は院政期の他の軍事貴族にも共通するものであった。軍事貴族は、地方武士を広範に組織し、政治的に自立性を有した「武家棟梁」と、この摂津源氏のような矮小な存在に二分されるようになる。そこで、摂津源氏のような軍事貴族を、当時の史料用語から「京武者」と規定する。以後、院政期の京で活躍した軍事貴族にはこの名称を用いる。

こうして、頼綱以後の多田源氏は摂関家に臣従するとともに、武士としての性格をより顕著にするのである。

2　多田源氏の没落

明国・仲正兄弟

多田源氏を継承したのは、頼綱の長男明国である。彼は当初白河院蔵人をつとめたあと、嘉保元年（一〇九四）七月に堀河天皇の六位蔵人に就任している。摂関家に仕える明国が白河院の蔵人というと奇妙に聞こえるが、当時は関白補任の恩義もあって、関白師実と白河院は、『愚管抄』に「アイアイマイラセテ」とあるように、緊密な協調関係が保持されていた。明国が最初白河院に仕えたのも、このことと関係するのであろう。

その翌年の正月、明国の弟仲正が兄に続いて蔵人に就任する。『尊卑分脈』は仲政とするが、記録類はいずれも「仲正」とするので、以下この標記に統一する。仲正は、関白家の侍所の役人である勾当、そして蔵人所の雑務を受け持つ所雑色から蔵人に選ばれている。六位とはいえ、蔵人就任は名誉であり、兄弟並ぶ例は珍しいことであった。

これについて、当時右中弁で保守的な宗忠は「兄弟あい並ぶのこと、久しく絶ゆるの例なり。すこぶる落居のことにあらざるか」（『中右記』嘉保二年正月十日条）と過度の処遇として批判を記している。協調関係にあった白河院・摂関家双方からの支援が、こうした優遇の背景に存したと考えられる。

なお、仲正が勤めた侍所というと、鎌倉幕府のそれが想起され、武士を組織した武的な機関と理解されがちである。しかし実際には、家司以下の家政機関職員が主従関係を締結した際に提出した名簿を保管したり、日常的な出勤を監視する日給簡《にきのふだ》が設置されたように、家政機関職員に対する主従関係を統括する、言い換えれば家人統制のための機関であった。鎌倉幕府はこの側面を継承したのである。

摂関家において、所領を管理する政所とならんで、主従関係を統括する侍所が整備されたことは、摂関家が荘園と主従関係を基盤とする中世的な組織に変化していたことを物語る。勾当は、その下級の職員であるが、残念ながら、具体的な職務については不明確である。

翌嘉保三年正月二十三日、兄明国は左衛門尉、弟仲正は左兵衛少尉に任ぜられている。武門としてふさわしい任官と言えよう。兄弟はともに儀式などに出仕しているが、この年の三月十一日には、堀河天皇の御前における歌会で、両者そろって和歌を献じている。また、三日後の二十四日には殿上で臨時に行われた賭弓《のりゆみ》において、やはりそろって射手を勤めている。ちなみに明国は十発中、四発を的中させ、十名の出席者中で最高の成績を収め、武門の面目を保ったが、仲正は全てを外してしまった（以上『中右記』）。和歌と武芸の両面に奉仕した点に、当時の多田源氏らしい特色が現れていると言えよう。

明国は、検非違使・左衛門少尉を経て、永長元年（一〇九六）十一月八日に従五位下に昇進し、続くように弟仲正も翌年の正月に叙爵を遂げた。その翌月である閏正月二十七日に父頼綱が七十年余りの生涯を終えている。あるいは、父が余命幾許《いくばく》もないことを前提とした叙爵だったのかもしれない。仲正の経歴については、その子頼政を論ずる際にあわせてふれることにし、以下では明国の動向について論じてゆくことにする。明国は、五位となった直後には関白師通家の職事（侍所別当）に就任した（『後二条師通記』永長元年十二月二日条）ほか、師通の子忠実が主催した仏事に奉仕した記録が残っている。明国は、最初こそ白河院に仕えたものの、やはり彼も父同様摂関家と深く結びつく立場にあった。天永二年（一一一一）正月、長年の検非違使の功績により、下野守に任じられている。父祖と同様に受領の地位を確保できたのである。

この間の長治二年（一一〇五）十一月八日、明国は弓庭《ゆば》に拘じられている。この原因は、彼が京の大宮五条付近で「不快」な関係にあった自分の郎等を殺害してしまったことにある（『殿暦』）。先祖の満仲が多田で行った私的制裁を、京中で行使してしまったのである。ここに、武士としての荒々しい性格を垣間見ることができる。しかし、そうした性格が、彼にとんでもない災厄をもたらすことになるのである。

明国の配流

明国が下野守となったころ、摂関家の政治的地位は大きく下落していた。まず、剛直で知られた関白師通が、康和元年（一〇九九）六月に三十八歳の若さで急死、その後継者忠実は若年のために関白に就任できず内覧に止められた。彼は長治二年（一一〇五）にようやく関白に就任したのも束の間、二年後に堀河天皇が死去して、その子で幼い鳥羽天皇が即位すると、外戚関係を喪失してしまった。この時、鳥羽の母の兄で閑院流の権大納言藤原公実《きんざね》が摂政を窺うなど、忠実は摂関の座をも危ぶまれるに至った。

彼は白河院の計らいでようやく摂政に就任したものの、人事を通してすっかり院に従属するに至ったのである。したがって、扈従《こじゅう》する武士も減少し、天永三年（一一一二）二月に、中納言忠通が春日上卿《しょうけい》として春日祭に向かった際も供奉する武士がなく、院より推挙された平正盛を拒んだが、結局北面の源重時を随行させる始末であった。摂関家は独自の武力を失っていたのである。

父頼綱に続いて、摂関家に奉仕した明国は、当然忠実にとって、文字通り最も信頼しうる腹心とも言うべき武士であった。それなのに、天永三年の春日祭で、彼の名前が挙がらなかったのはなぜだろうか。実はその二年前、忠実から受けた重要な武的命令を実行しようとした明国に、思いも掛けない落とし穴が待っていたのである。

下野守に就任した同じ天永二年（一一一一）の十一月、彼は主君忠実の密命を受けて、忠実の美濃の荘園に下向した。おそらく納入が滞っていた年貢の取立など、摂関家領の支配にかかわる紛争を解決しようとしたのであろう。ところが、その途中で無礼者を咎めたことから闘乱となり、信濃守広房、左衛門尉源為義の郎等など、三人の首を切るに至った。武士的な激しい気性が顕現したと言えよう。そして、そのまま帰京した明国は、あちこちを訪問してしまったのである。

早速、白河院は公卿たちを招いてこの事件を詮議した。問題となったのは、殺人自体ではなく、あくまでも新嘗祭や諸社の祭礼をひかえた京に死穢を拡散したことであった。先述した京における殺人も、相手が郎等だったためもあるのか、軽微な処罰で済んでいる。こうしたことと比べても、当時の貴族が王権を荘厳する儀式を死穢で妨害することに過敏な意識を抱いていたことが判明する。それはともかく、数日の詮議の末に、言い逃れできなくなった明国は、何と佐渡への配流という重罰を課されることになったのである（以上、『殿暦』『中右記』）。

同じ時期、白河院北面に加わっていた美濃源氏の光国は、出羽国で摂関家領寒河江荘《さがえのしょう》に乱入した上に、任国を放棄して所領に帰るという不法行為を行ったが、何らの処罰も受けなかった（『殿暦』）。むろん、王権を荘厳する祭礼を妨害した罪はきわめて大きなものではあるが、触穢の有無自体についてもかなり議論が行われており、庇護する者があれば、処罰は回避できたように思われる。

彼が処罰を免れなかった根本原因は、要するに主君の摂政忠実に明国を政治的に庇護する力量がなかったことに尽きるだろう。すでに政治の主導権を掌握し、専制化していた白河院と、院政の前に屈従を余儀なくされた摂関家との力量の差が、彼の運命を決めたのである。いわば、明国、そして多田源氏は、摂関家の衰退と運命を共にしたことになる。

配流されてから十七年を経た大治三年（一一二八）八月、佐渡守藤原親賢《ちかかた》は一通の申文を朝廷に提出した。これによると、流人明国は国内の農民を奴婢・僕従として公領を耕作させながら租税を納めず、その武力で国守を威圧しているとして、明国を他国に移すように訴えている（『朝野群載』）。特異な状況下で、明国の武士としての本領が発揮されたことになる。彼は翌年、白河院の病気によると思われる恩赦によって帰京を許された。実に十八年ぶりの京である。しかし、その後の動向を伝える史料はない。

摂関家への従属

明国の配流という事態が、多田源氏に大きな政治的打撃を与えたことはいうまでもない。明国のあとを継いだのは長男行国だが、彼の京における活動としては、長承三年（一一三四）二月二十六日に忠実の次男新大納言頼長の六位前駆に加わったことくらいしかわからない（『中右記』）。やはり行国も、父や祖父同様に摂関家にひたすら奉仕していたが、壮年と思われる時期に六位であったという事実は、多田源氏の家格が、もはや四～五位を基本とする諸大夫から、六位程度の侍品に転落したことを意味する。これ以後、多田源氏から受領が登場することはないのである。

ただ、この行国と頼長の関係については、興味深い記事が残されている。保元の乱の四年前にあたる仁平二年（一一五二）七月十二日、彼は当時藤原氏長者として摂関家の中心にあった頼長に依頼されて、殺人を犯した興福寺僧道継《どうけい》を多田荘に匿ったのである（『台記』）。このことは、行国が頼長から厚い信頼を寄せられた腹心であったこと、またかつて検非違使の介入をも防いだ多田荘の治外法権的性格が、依然として存続していること、しかしそれは多田源氏の力量ではなく、摂関家の権威の下で保持されていたことを物語る。

武士に見られたイエ支配は、権門としての摂関家にも存在しており、その対象は興福寺の高僧にも及んでいた。以前、拙著『人物叢書　藤原忠実』で記したが、この六年前の久安三年（一一四七）には、頼長の父である大殿忠実が、興福寺の高僧法橋寛誉《ほっきょうかんよ》を私刑として殺害している。当時の摂関家は、私刑を実行する武士やその所領をも内包し、主従関係、イエ支配、私刑が見られる政治勢力となっていた。すなわち、武士と共通した性格を有した中世的権門に脱皮していたのである。

摂関家のもとでは、興福寺僧はもちろん、その私刑を実行する多田源氏などの武士、そして侍所に統制される家政機関職員などが、主従関係に包摂されていた。したがって、摂関家は貴族・武士・僧侶を主従関係で組織する複合的な権門となっていたのである。だが、その動きは保元の乱で頓挫することになる。

さて、保元の乱において、頼長は兄忠通と争い、敗死する運命にあった。摂関家における忠通・頼長の確執は、当然多田源氏にも大きな影響を与えることになる。『尊卑分脈』によると、行国の二人の男子頼盛・頼憲は、ともに多田を称したとされる。このことは、両者の多田荘をめぐる深刻な抗争を象徴しているのである。

先に史料に登場するのは弟頼憲であった。彼は久安三年に左大臣藤原頼長の推挙をえて、非蔵人ながら内昇殿を許されている。しかし、三年後には関白忠通の剣持を追い返したとして殿上人の特権を取り消されてしまった。この事件の背景に、忠通・頼長の対立が関係していたことは言うまでもない。

藤原頼長像
「天子摂関御影」（宮内庁三の丸尚蔵館蔵）より

ここで忠通・頼長の対立についてふれておこう。通常は、野心家の弟頼長が強引に摂関の座を望み、彼を偏愛した父忠実とともに忠通を抑圧したかのように理解されている。しかし、これは忠通の息子慈円が『愚管抄』に記した内容である。息子が父の庇護するのは当然で、この記述は事実とは大きく食い違っていた。

長らく後継者のなかった忠通は、父忠実の要望で弟頼長を養子として摂関を譲る約束をしていたのである。頼長は摂関家嫡男として扱われ、なんと十七歳という史上最年少で内大臣に昇進している。ところが、康治元年（一一四二）に実子基実が生誕したことから、忠通は忠実との約束を破り、頼長に対する摂関の譲渡を拒絶した。これに怒った忠実は、久安六年（一一五〇）に忠通を義絶、彼に与えていた藤原氏長者の地位や興福寺の管理権、摂関家の莫大な荘園などを奪い、頼長に与えたのである。こうしてみると、既定の秩序を破ったのは明らかに忠通であった。

この結果、左大臣ながら頼長は摂関家の中心として大きな権力を握り、逆に忠通は関白とは名ばかりの無力な存在になってしまった。そこで忠通は、鳥羽の寵后美福門院《びふくもんいん》や、信西《しんぜい》（藤原通憲《みちのり》）ら鳥羽院近臣たちに接近して忠実・頼長に対抗する。このことが、保元の乱の伏線の一つとなるのである。

さて、多田源氏に話題を戻そう。頼憲はその後も頼長に伺候し、侍所勾当などを勤仕したほか、仁平元年（一一五一）七月には、やはり頼長に近侍していた河内源氏の武将為義の「摂津旅亭」を焼却して、世間の非難を浴びている（『本朝世紀』七月十六日条）。この事件は、頼憲が頼長の腹心であったこと、また彼が河内源氏にも対抗しうる武力をもっていたことなどを物語るものである。

一方、なぜか長らく雌伏していた兄頼盛は、弟との対抗上忠通に接近することになる。『兵範記』仁平三年（一一五三）七月十六日によると、忠通・基実父子の前で頼盛の十一歳の息子――あるいは後の行綱かも知れない――が元服を行っている。新成人に冠を被せる加冠役を勤めたのは、忠通の信任厚い家司にして『兵範記』の記主、平信範である。忠通の頼盛父子に対する厚遇ぶりがうかがわれる。

こうして、主家の分裂とともに敵対した頼盛・頼憲兄弟が衝突するのも、当然の成り行きであった。同年の九月に父行国が死去すると、閏十二月に両者は摂津国において遺財・田地をめぐって激しい合戦を演じている（『本朝世紀』）。おそらく、多田荘の争奪戦が演じられたのであろう。この勝敗は不明だが、二人の対立は摂関家の場合と同様、保元の乱で決着をみることになる。

保元の乱と兄弟相剋

保元元年（一一五六）五月末、政界の頂点に立つ鳥羽院が重病に陥るや、関白忠通や信西らの院近臣たちは、院の命令として源義朝・義康、あるいは鳥羽院の北面などの有力武士を動員し、内裏や鳥羽殿を警護させた。さらに、七月二日に院が没するや後継者後白河天皇の命令で、検非違使や国司が組織した地方武士をも招集した。いわば国家権力を通した武力の動員を行なったのである。

その一方で、対立してきた崇徳上皇や摂関家の中心頼長につぎつぎと圧力を加えた。とくに頼長に対しては、家人で在京していた大和源氏の親治を逮捕した上に、義朝の武力で正邸である東三条殿を没官した。没官は、罪人として財産を没収する行為であり、おそらくは『保元物語』が記すように、配流の命令までも下したものと思われる。こうして、鳥羽の死去から数日のうちに、頼長は座して配流されるか、形勢逆転をかけて挙兵するかの岐路に立たされた。

かくして頼長は、前年、皇子重仁親王の即位を見送られて院政の道を閉ざされた上に、父鳥羽院との最後の対面をも拒絶されて憤懣やる方ない崇徳上皇と結んで蜂起を企てる。しかし、たのみとした信実らの興福寺悪僧は乱に間にあわず、招集できたのは京周辺に存在していた摂関家の私兵のみだった。むろん頼憲も、長年近侍した頼長の蜂起に追随して入京し、摂関家長年の家人である源為義・平忠正とともに参戦したのである。

崇徳・頼長陣営の主力は、為義や忠正、そして頼憲といった頼長の家人や荘園の武士たちで、摂関家の私兵が中心となっていた。これに興福寺の悪僧が加われば、権門としての摂関家の総力を挙げた戦いということになる。しかし、国家権力を背景として大規模な動員を行った後白河陣営に対する劣勢は否めず、合戦の結果は火を見るよりも明らかであった。

七月十一日未明、洛東の白河殿にたてこもった崇徳・頼長陣営に対する後白河側の武士源義朝・平清盛らの夜襲によって、合戦の火蓋が切られた。弟頼憲と対立し、関白忠通に従っていた頼盛は、当然後白河陣営に加わっている。忠通の家司平信範の日記『兵範記』によると、頼盛は出撃こそしなかったものの、合戦が行われている間、数百人の郎等を率いて東三条殿に避難した後白河天皇を警護するという重要な役割をはたしている。

なお、同書によると、第一陣として起用された最精鋭部隊の清盛・義朝・義康が率いた軍勢は、それぞれ三百騎・二百騎・百騎だったというから、頼盛の軍勢もそれらにさほど劣るものではなかったと言えよう。もっとも、彼は第二陣にも含まれていなかったから、人数はともかく、武勇という点での評価はあまり高くなかったらしい（以上『兵範記』）。

一方、合戦の場面は『保元物語』の記述に頼るしかない。これによると、崇徳・頼長陣営の武士たちの奮戦は目ざましかった。強弓《ごうきゅう》で勇名を馳せた源為朝の活躍は周知の通りだが、平忠正とともに白河殿の西門を守った頼憲も善戦し、いったんは後白河側の軍勢を撃退したという。しかし、所詮は衆寡敵せず、義朝の放火戦術もあって崇徳・頼長側は敗退したのである。

崇徳上皇は仁和寺で出家して投降したが許されず、讃岐国に配流された。頼長は首に矢を受け、奈良に逃れて忠実に最後の対面を求めるが拒絶され、無残な最期を遂げた。いったんは逃亡した頼憲をはじめとする崇徳側の武士たちも、しだいに投降したが、彼らには斬首という過酷な運命が待っていたのである。

なお、古活字本『保元物語』によると、頼憲の邸宅は京の東北の隅にあたる正親町富小路《おうぎまちとみのこうじ》にあり、乱後も邸宅にとどまっていた郎等たちは、邸宅の接収に際して激しく応戦し全員自害したという。

勝者の側に立ったはずの頼盛だが、記録の上では恩賞も確認できない。しかし、彼が多田荘を自らのものとしたことだけは疑いないのである。次に、源平争乱における摂津源氏の動向について検討する。

3 頼政と行綱

鹿ケ谷事件と行綱

源平争乱を彩った数多い武将の中で、摂津源氏として名を残したのは仲正の子源三位頼政と、多田源氏の嫡流行綱の二人である。彼らは、極端なまでに対照

かつての六条八幡付近。現在は西本願寺の一角
（京都市下京区）

的な行動を示した。すなわち、平氏打倒の先駆として以仁《もちひと》王《おう》と運命を共にした源三位頼政と、あたかも風見鶏のごとく時勢に応じて有力者に追随した多田行綱である。平治の乱などにおける頼政の動きは後述に譲り、ここではまず保元の乱の後から、治承元年（一一七七）六月の鹿ケ谷事件に至る多田源氏の動きを追ってゆくことにしたい。

保元の乱後、多田源氏が最初に登場する史料は、『兵範記』の保元二年（一一五七）八月十九日条である。この日、忠通の嫡男で、右大臣就任を控えた基実が参内するに際して、頼盛の嫡男行綱が忠通の嫡男基実の前駆をつとめたという。この時、彼は忠通の侍所の勾当で、彼も父と同様に、摂関家家政機関と密接な関係にあったことになる。

彼らは、平治の乱では何らの動きも見せていない。相手にもされなかったのだろうか。その平治の乱から十年後の嘉応元年（一一六九）十二月二十八日、後白河院と延暦寺の政争に巻き込まれ、「奏事不実」の濡れ衣を着せられて備後国に配流された蔵人頭平信範は、京の六条坊城にあった「多田入道旧宅」に立ち寄ったという（『兵範記』）。この「多田入道」は、出家した人物だから行綱ではなく、おそらく父頼盛を示すと考えられる。また、「旧宅」とあることから、この時すでに彼は死去していたのであろう。

邸宅のあった六条坊城は、頼義以来の河内源氏の拠点で、六条八幡があった六条堀河にも近く、武門源氏一門の邸宅が集中した地域の一角であった。すでに白河院政期に頼綱が六条に居住していた記事があり（『中右記』寛治七年十月二十日条）、このころから多田源氏も六条付近に拠点を構えていたようである。さらに、『尊卑分脈』によると、行綱には「六条蔵人」という別称があったというから、おそらく彼も六条坊城の父の邸宅を継承したのであろう。

なお、この信範は藤原忠通・基実父子に家司としてつかえた人物で、先述したように仁平三年（一一五三）に頼盛の子息が元服した際、加冠の役をつとめたほど、頼盛とは親しい関係にあった。それゆえに、配流という非常事態に際して、多田源氏の一族が一夜の宿を提供したものと考えられる。

さて、頼盛を継いだ行綱は、安元二年（一一七六）年、中山寺に下文を出して祈禱を命じたとされる。文書には疑問もあるようだが、多田を中心に周辺にも勢力をおよぼしていたことを反映するものと言えよう。こうした彼の武力が、院近臣である僧俊寛《しゅんかん》の鹿ケ谷の別荘で練られた院の平氏打倒計画、鹿ケ谷の陰謀に利用されることになる。この陰謀が企てられた背景はつぎのようなものであった。

当初、協調していたかに見えた後白河院と平清盛はしだいに対立を深め、安元二年に清盛の妻時子の妹で後白河院の寵愛が深かった建春門院滋子が死去すると、両者の関係は険悪になった。翌年の四月、おりしも院近臣の中心僧西光《さいこう》の男加賀守藤原師高《もろたか》に対する延暦寺の強訴が発生したが、平氏一門は強訴の防御に消極的で、師高は配流を余儀なくされた。怒った院は天台座主明雲の配流を命ずるが、これも僧徒に奪回されたため、ついに清盛に延暦寺攻撃を強要するに至った。院は平氏と延暦寺を衝突させて平氏に打撃を与えようとしたのである。そして、平氏に対する怨念を深めた院や院近臣は、この混乱を利用して武力による平氏打倒の陰謀をも計画したとされる。

陰謀に際して、総大将と期待されたのが、後白河院の北面の一員だった行綱である。多田源氏は伝統的に摂関家に奉仕する立場にあり、院北面に加わったのは彼が最初だが、平治の乱で平氏以外の北面の有力武士が滅ぼされ、北面が手薄になったことも行綱が加えられた原因だったと考えられる。

大将と期待された行綱ではあったが、『平家物語』によると、平氏の権勢と院近臣のあまりの醜態とをみて計画の無謀さを悟り、陰謀を京にいた清盛に通報してしまったという。このため院近臣西光・権大納言藤原成親《なりちか》・俊寛らは清盛によっていっせいに捕らえられ、あるいは殺され、あるいは流されたのである。この事件を鹿ケ谷事件とよぶ。

『尊卑分脈』によると、密告した行綱も安芸に流されたというが、真偽のほどはわからない。ただ、当時の多田荘は基実亡き後、妻盛子が伝領し、実質的には彼女の父清盛が支配していた上に、清盛にとってきわめて好都合な時点で密告がなされただけに、密告自体の信憑性も疑わしい。ただ、行綱がしばらく歴史の表舞台から姿を消すのは事実である。かわって多田源氏の傍流にあたる源頼政が源平争乱の嚆矢という役割をはたすことになる。

頼政の経歴

源頼政こそは、頼光以降の摂津源氏一門の中で、最も著名な武将である。彼の所領の所在地は不明だが、渡辺党を主力としていたことから見て、彼らの拠点である現在の大阪市付近であった可能性が高い。したがって多田源氏とは言えないが、近い血統に属し、没落してゆく摂津源氏の中で、最後の輝きを見せた存在でもあったので、彼の経歴と以仁王を擁立した挙兵について論ずることにしたい。

頼政の父仲正が兄明国とともに堀河天皇の六位蔵人に就任し、相次いで叙爵したことはすでに述べた。その後の仲正は、兄と異なって摂関家よりも白河院に接近している。下総・下野守と二度の受領を経験しているが、その度に源義親を称する者を追捕したことも、白河院に対する奉仕と言える。しかし、捕らえた「義親」が偽物と断定されたり、追捕のために国内や隣国を荒廃させたとして非難される有様で（『中右記』元永元年二月五日条）、彼は院近臣、さらには地方武士を組織した棟梁に脱皮することはできなかった。結局受領も二カ国、位階も従五位上にとどまっている。

頼政も父と同様、白河院判官代を振り出しに、崇徳天皇の六位蔵人に就任している。仁平三年（一一五三）には美福門院の昇殿を許されており、女院の側近となっている。このことが、のちに鳥羽院と美福門院の皇女八条院に接近するきっかけとなったと考えられる。保元の乱で後白河陣営に加わり、清盛・義朝らに続く第二陣として白河に派遣され、平治の乱では、二条天皇の六波羅行幸を知り、源義朝に敵対して平清盛の勝利に貢献したが、いずれも恩賞はなかった。

仁安元年（一一六六）には、兵庫頭を辞任して正五位下となるとともに、六条天皇の内昇殿を許されている。内昇殿は摂津源氏の祖頼光・頼国父子以来の快挙であった。翌年には、子息仲綱を伊豆守に補任して知行国主となるなど、地位の上昇が見られる。もっとも伊豆の知行も、同国が流刑の地だけに、罪人の護送・監視といった役割と無関係ではなかったと考えられる。彼は、内裏の警護を担当して大内守護と称されたが、そのためか嘉応・安元の延暦寺強訴では最前線に投入されており、とくに後者では平経盛が清盛の命と称して内裏の警護を放棄したため、急遽動員されている。平氏の下で、ちょうど旧来の京武者が担当してきたような軍事・警察的役割を果たしていたことになる。

武士としては地味な存在であった彼は、むしろ歌人として高い名声を博し、公卿たちの歌合にたびたび招待されており、祖父の頼綱と似通った性格をもっていた。その頼政が、すでに七十歳をはるかに越えた治承二年(一一七八)十二月二十四日、従三位に叙され、武門源氏始まって以来の公卿に昇進したのである。頼光でも成しえなかった公卿の壁を突破したことになる。父仲正が五位、祖父頼綱も従四位下に止まったことや、頼政自身の功績を考えれば破天荒な叙位に相違ない。和歌を通して親しい関係にあった兼実でさえ「第一の珍事」(『玉葉』)と仰天する有様であった。

彼を公卿に推挙したのは平清盛。外孫言仁《ときひと》親王(安徳天皇)生誕によるご祝儀というべき人事と考えられる。こうして歌人としての名声に加え、望外の公卿の座を得て、彼はそれなりに満ち足りた、ささやかな栄光に包まれた晩年を送るはずであった。しかし、政情の激変は、彼にそれを許さなかった。

京武者頼政の蜂起

鹿ケ谷事件以来、清盛との対立を深めた後白河院は、今度は摂政藤原基房と手を組んで平清盛に対抗し、平氏一門に様々な抑圧を加えた。これに怒った清盛は、治承三年十一月、福原から大軍を率いて上洛、基房や院近臣の官職を奪ったあげくに、後白河院を洛南の鳥羽殿に幽閉して院政を停止した。治承三年政変である。

そして、翌年の二月には外孫安徳を天皇に立て、娘徳子の婿高倉上皇に院政を行わせるに至った。すなわち、臣下に過ぎない平清盛が、武力によって王権を改変するという空前の事態が発生した。ここに平氏政権が成立したのである。

清盛の行為は、武力による王権の簒奪と見なされた。したがって、この王権を武力で打倒しようとする動きも出てくる。すなわち、後白河の第二皇子にして、当時最大の荘園領主八条院の猶子であった以仁王とともに、源頼政が挙兵したのである。

彼らは平氏と対立していた権門寺院に呼びかけるとともに、安徳天皇が即位した治承四年（一一八〇）四月、平氏打倒をよびかける檄文、以仁王令旨を諸国の源氏に配布して挙兵を促した。しかし、計画は準備の整わないうちに平氏に漏れ、以仁王の追捕が行われるに至った。このため、五月に以仁王は園城寺に脱出して反平氏派の悪僧にかくまわれ、頼政も子息とともにこれに加わった。

『平家物語』は、頼政がささいなことで平清盛の嫡男宗盛に侮辱されたことから、王に挙兵を持ちかけたとする。しかし、彼は先述のように平氏に大きな恩義を受けており、あえて挙兵を企てるとは考えがたい。逆に以仁王こそは、清盛の義理の甥である弟高倉に皇位を奪われ、しかも治承三年の政変では父後白河を幽閉された上に、所領を没収されるなどの抑圧を受けていた。

こうしたことから考えて、首謀者は以仁王とする見方が一般化している。八条院は大きな財力と、同母の弟近衛天皇が死去した時には女帝に推戴する動きもあったように、政治的な権威を有していた。

頼政自害の地とされる平等院扇芝
（京都府宇治市）

彼女の支援を受けた以仁王は、正当性に欠ける安徳の簒奪王権を否定し、武力によって皇位を奪取しようとしたのである。

頼政がこれに加わった原因が問題となるが、先述のように彼は以仁王を庇護していた鳥羽院の皇女八条院に仕えていたことから、女院の指示を受けて参戦したと考えられる。頼政の率いた武力は、本拠と考えられる渡辺党の武士団を中心に、八条院領の荘官足利氏や、木曽義仲の兄で女院の蔵人である仲家を加えたものであった。本領の武士団を基盤とし、権門の家産機構を通して遠隔地の武士を加え、権門の指示によって動くという点に、まさに京武者としての頼政のあり方が明示されているのである。

さて、園城寺に匿われた一行ではあったが、平氏の切り崩しで寺内に裏切り者がでたため、王と頼政主従はわずかな人数で南都の興福寺をめざす。しかし、途中の宇治で平氏の追討軍に追いつかれてしまった。この時、以仁王を南都にむけて脱出させた頼政以下は、文字通り決死の覚悟で平氏の大軍に立ち向かった。

頼政の養子兼綱が、往年の八幡太郎義家を想起させる見事な弓矢の腕前を示して平氏軍を震撼させたのをはじめ、渡辺党の面々も勇猛な活躍をみせた。しかし、衆寡敵せず。ついに大軍の前に敗北を喫し、頼政が自害したのをはじめ、ほぼ全員が壮烈な討ち死にをとげた。権門の指示で参戦したとは言え、彼らは擁立しようとした以仁王に殉じ、武士としての使命を全うしたのである。その以仁王も南都を目前にしながら、流れ矢にあたり落命し、蜂起は短期間で鎮圧されるに至った。

しかし、平氏政権に与えた衝撃は大きく、直後に清盛は権門寺院に包囲された京を逃れるかのように清盛の本拠福原への「遷都」を強行することになる。そして、地方における源氏の残党追捕は軍事的緊張を全国に拡大し、ついに八月の頼朝をはじめとする源氏の蜂起によって、激しい源平争乱の時代に突入するのである。

風見鶏の限界――行綱

以仁王の挙兵以後、事態の展開は劇的であった。清盛は以仁王の挙兵を鎮圧するや、六月に自身の別荘の所在地である摂津福原に事実上の遷都を行い、寺社勢力に包囲された京からの脱出を図った。しかし、十月、富士川合戦で平氏の追討軍が頼朝軍に大敗を喫するや、反平氏の蜂起は一気に拡大し、京に隣接する近江にまで及んだ。これをみた清盛は、十一月に福原を捨てて還都、翌月には近江の源氏を打ち破り、それに味方した園城寺、そして月末には興福・東大寺をも焼打ちし、京周辺の反平氏勢力を一掃したのである。

それも束の間、翌年閏二月には清盛が急死し、平氏の権力は大きく後退する。そして養和の大飢饉による休戦状態を経て、寿永二年（一一八三）夏、平氏は砺波山《となみやま》の合戦（倶利伽羅峠の合戦）で木曽義仲に大敗、七月には義仲の入京が目前にせまったのである。

鹿ケ谷事件以来、平氏に服属していたとされる行綱が平氏に背いたのは、こうした混乱の最中であった。『玉葉』の七月二十二日条によると、行綱は摂津・河内両国に出没し、瀬戸内海に面した港湾摂津国河尻にあった船をすべて奪い取ったが、民衆もこれに協力したという。行綱の挙兵は、日頃の平氏の圧政に対する民衆の不満と一体となっていたことがわかる。

二日後の二十四日には、行綱の命令を受けた太田頼助という武士が、摂津国の河尻で鎮西からの兵粮米を奪った上に船を破壊し、人家も焼却している（『玉葉』）。こうした行為は平氏に大きな打撃をあたえ、都落ちを余儀なくされた大きな原因となった。一旦は清盛の孫資盛《すけもり》と、その郎等平貞能《さだよし》らが行綱追討に向かう動きを見せるが、結局平氏一門は二十五日に西国を目指して都落ちしてゆくことになる。

二十六日、朝廷は行綱に文書を送って、平氏一門とともに西国に下った安徳天皇や三種の神器を安全に帰京させることを第一に考え、平氏に対する攻撃を控えるように命じている（『玉葉』）。行綱の勢力が大きく評価されていたことを物語るものである。

さて、義仲入京直後の行綱の立場や行動を伝える史料は残っていない。しかし、しだいに粗野な義仲が後白河院にうとまれ、両者が対立するようになると、行綱は院を支援することになる。義仲との衝突が必至となった十一月十八日、院は院御所法住寺殿《ほうじゅうじどの》に武士を招集するが、行綱はその主力の一人として参入した。しかし、翌日の合戦は義仲の圧勝に終わり、息子とともに七条を警護していた行綱は、命からがら戦場を脱出したという（以上『延慶本平家物語』など）。

一敗地に塗《まみ》れた行綱だが、本拠多田荘に帰ると「城内」にひきこもって義仲に反抗している（『玉葉』十二月二日条）。この城がどのようなものか不明だが、戦乱に備えた何らかの防御施設が築かれていたのであろう。義仲軍との直接的な衝突は伝えられないが、行綱の行動が義仲を牽制し、その没落を早めたことは疑いない。そして翌年の正月、源頼朝が派遣した代官範頼・義経によって義仲は討たれることになる。

一方、讃岐国屋島にあった平氏は源氏相互の合戦の間隙をついて摂津の福原を奪い返し、一ノ谷に陣を築いて京にせまる勢いをしめした。そこで後白河院は、義仲を討ったばかりの範頼・義経に対し、平氏の追討を命じることになる。彼らは摂津で行綱らと合流し、平氏との合戦に向かうことになる。

そして、二月七日の一ノ谷合戦において、行綱は山方から攻め寄せ、真先に山手を陥落させたという。これは、当時の右大臣九条兼実の日記『玉葉』に見える記事で、かなり信憑性が高いが、幕府の公式記録である『吾妻鏡』に彼の活躍は見えない。『吾妻鏡』が彼の活躍を抹消した原因は、翌年、彼が頼朝に処罰されたことにあったと考えられる。すなわち、平氏滅亡後の文治元年(一一八五)六月、彼は本領の多田荘を、「きかい(奇怪)のこと」によりという呆気ない理由で頼朝に没収されてしまうのである。

この一因は、行綱が一ノ谷合戦などを通して義経と密接に提携したことにある。周知の通り、壇ノ浦合戦以後、頼朝と義経とは対立を深めていた。このため、義経派の行綱は頼朝に警戒、敵視されたものと考えられる。しかし、原因はそれだけではない。多田荘こそは、満仲以来の伝統を誇る武門源氏の象徴ともいうべき荘園であった。したがって、いまや武士の第一人者となり、武門源氏の嫡流を自認する頼朝にとって、何としても手に入れたい荘園だったのである。頼朝が、強引に多田荘を没収した原因はここにこそ存したと考えられる。

かくして、行綱は平氏や義仲の手から守り抜いてきた多田荘を、頼朝の圧倒的な権力の前にはなすすべもなく奪われてしまった。やがて行綱は、頼朝追討を唱えて京を退去した義経を襲撃することで頼朝の歓心を買おうとしたが、それも空しかった。この後、多田荘は、ついに多田源氏の手に戻ることはなかったのである。

終章　伝説の満仲・頼光像

満仲の子孫である武門源氏は大きく発展していった。鎌倉幕府の創始者頼朝も、そして室町幕府の創始者足利尊氏も、ともにその子孫である。武門源氏を確立した満仲は、彼らの曩祖《のうそ》として尊崇の対象となってゆくことになる。

足利将軍家と多田院

先述のように、頼朝は多田行綱から多田荘を奪い、大内惟義《これよし》に与えた。そして、居住する武士たちのうち、行綱派以外の者を御家人として安堵するとともに、閑院内裏の大番役を勤仕させることとした。やはり、始祖の地として特別な計らいがあったと見るべきであろう。しかし、頼朝がとくに満仲を尊崇した形跡はない。

大内惟義の没後の承久三年（一二二一）、後鳥羽上皇が執権北条義時打倒を目指して挙兵した承久の乱が発生し、多田荘は大きな混乱に巻き込まれることになる。承久の乱では、行綱の子基綱が京方に参戦したが、敗北、処刑されている（『吾妻鏡』承久三年六月二十日条）。おそらく、彼は先祖相伝の地

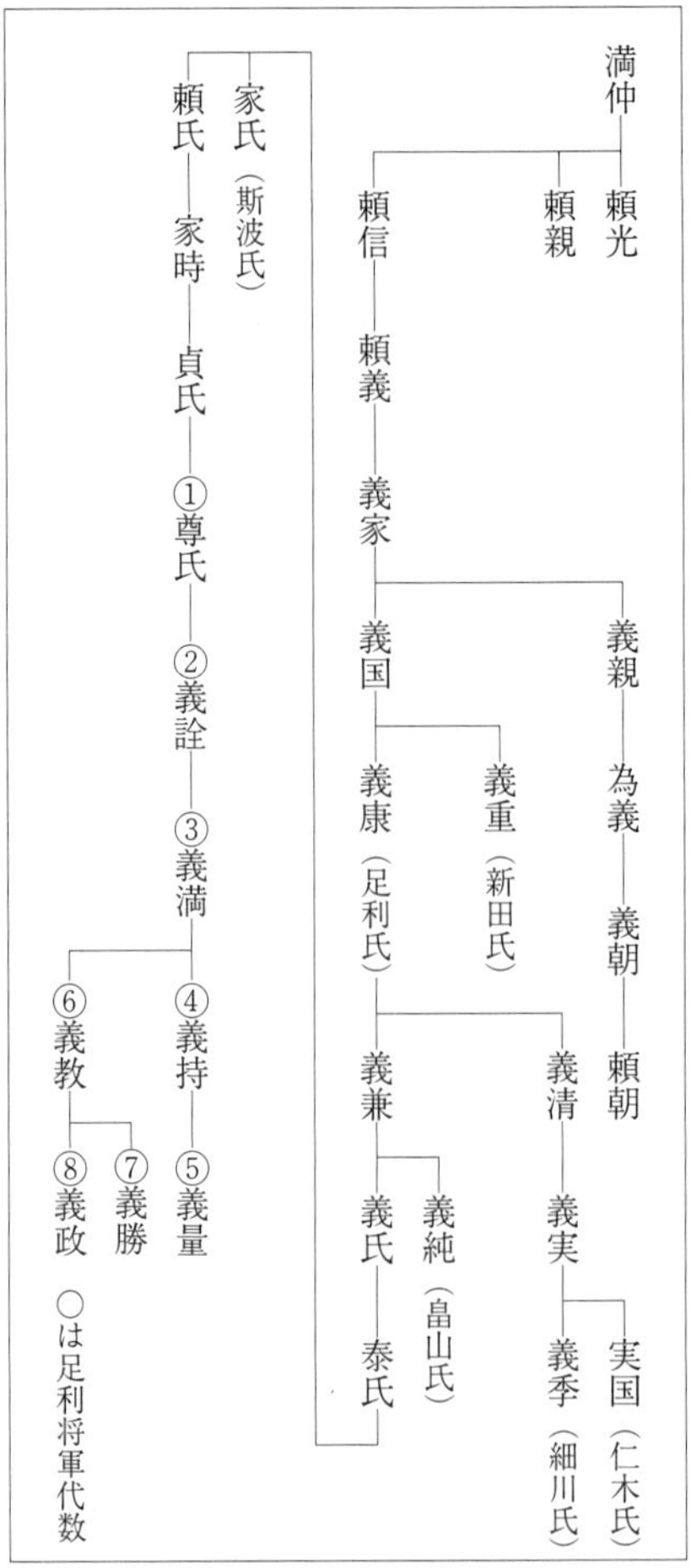

河内源氏・足利氏系図

多田荘の奪回を図ったのであろうが、その願いは虚しかった。乱後、多田荘は源氏始祖の地として、北条氏嫡流の得宗家による直接的な支配を受けることになる。

鎌倉後期の建治元年（一二七五）には極楽寺の高僧忍性が多田院別当を兼任し、本堂以下の大規模な修復が行われるなど、幕府の多田院に対する保護は手厚いものがあった。ただ、源氏将軍が断絶したこともあってか、武門源氏の祖として満仲自体が、大きく称揚されることはなかった。

かわって足利尊氏が室町幕府を開くと、満仲は尊氏の祖先に当たる上に、幕府が京に存在したことから、多田院や満仲に対する篤い尊崇が見られるようになる。

足利氏は、満仲の曾孫義家の三男義国から始まる。下野国足利を拠点とするとともに、義国の子義康が保元の乱に参戦するなど、京でも活躍していた。義康の子義兼は頼朝の挙兵にいち早く呼応し、幕府内で大きな位置を獲得した。北条氏とは婚姻関係を結んで立場を守り、周知の通り鎌倉幕府滅亡に際して、尊氏が後醍醐天皇の倒幕の呼びかけに応じ、六波羅探題を滅ぼした。

その後、足利尊氏は後醍醐天皇に背き、京で幕府を開くが、幕府内部で弟直義と執事高師直《こうのもろなお》との内紛、観応の擾乱が勃発する。その最中の文和元年（一三五二）閏二月二十五日、尊氏の嫡男義詮は、天下静謐の祈禱を多田院に命じている（多田神社文書、足利義詮御判御教書。以下の文書引用は全て多田神社文書による）。足利将軍家が戦乱の中で、始祖の霊廟がある多田院を深く信仰するようになっていたことがわかる。

そして、激しい戦いの最中の延文三年（一三五八）四月に尊氏が没すると、六月二十九日に義詮は父の遺骨を多田院に奉納したのである（足利義詮御判御教書）。貞治六年（一三六七）十二月に義詮が没すると、翌年の二月二十九日には、その遺骨も多田に分骨されるに至った（足利将軍家御教書）。ここに、多田院は足利氏の始祖満仲と、幕府の始祖尊氏・義詮が一体となった廟所となり、歴代将軍の篤い信仰の対象となるのである。

室町幕府の体制を安定させた三代将軍義満は、応永元年（一三九四）十一月十二日、祈禱所である多田院の所領を安堵する旨の御判御教書を下している。これは、特に所領をめぐる問題があったために発給されたのではなく、多田院を将軍が直々に安堵し、その特権を認める意味をもつ文書であった。以後義政に至る代々の将軍も同様の文書を下すことになる。こうして、多田院は足利将軍の特別な保護の対象となったのである。

鳴動と贈位

信仰が深まる中、突如発生したのが、多田院鳴動である。これは、多田院にある満仲の霊廟が音を発して揺れ動くもので、事態はただちに幕府に報告されている。今日確認される最初の鳴動の記録は、応永二十二年(一四一五)十一月であった。報告を受けた将軍義持は「鳴動のこと、佳例たるの上は、いよいよ祈禱の精誠をぬきんづべき」ことを命じている。したがって、鳴動には先例があり、佳例とされていたことがわかる(十一月六日付足利義持御判御教書)。

ついで応永三十二年閏六月に再度の鳴動が発生すると、翌三十三年十一月、ついで三十四年十一月と、立て続けに鳴動は繰り返された。こうなると「佳例」も不気味に思われるようで、幕府は陰陽博士に占わせたり、諸寺に祈禱を命ずるなど対策に大童となった。同時に多田院に対する信仰も一層深まることになる。

将軍義持は、応永三十四年四月二十五日に多田院に対して御判御教書を発給し、多田院は「曩祖満仲の氏寺」で、「源家の帰依、他に異なる」ので、「天下太平・四海安全、当家繁盛・子孫長久」を懇《ねんご》ろに祈禱するように命ずるに至った(多田神社文書)。曩祖の寺として、公的に位置付けられたことになる。これに続いて、将軍の若君誕生とともに、多田院に神馬を奉納して無事な成長を祈るようになった。その最初は、義教の長男でのちに七代将軍となる義勝が生誕した、永享六年(一四三四)八月一日の事例（室町幕府評定衆奉書）である。

義持の時期から鳴動が始まった理由は不明確である。この当時は政治も安定しており、幕府の側に怪異を恐れる必要もない。逆に、正長元年（一四二七）に義持が死去し、後継者問題がなかなか収拾せず、さらに新将軍義教が就任するや、大規模な土一揆が発生するという大混乱が生じたが、前年まで三年続いて発生してきた鳴動は全く報告されていない。

多田神社社殿（兵庫県川西市）

一九九五年一月十七日未明、阪神・淡路大震災が発生、想像を絶する被害をもたらした。その直前、丹波の篠山から摂津北部にかけて、いわゆる群発地震が発生し、のちに大震災の前触れではなかったかとする説も出された。前触れか否かはともかく、この地域では群発地震が周期的に発生していることから、満仲廟の鳴動も実は群発地震ではないかとする解釈も見られる。
文明四年（一四七二）の鳴動は、七月一日から三日まで連続し、十五回に及んだ。また同十四年九月の鳴動は、まず十四日亥《い》刻に大動（大きな鳴動）一回、同じ時刻に小動十回、ついで十五日戌《いぬ》刻には中動二回、十六日には小動三回であったという（九月十七日付御廟所鳴動注進状案）。大小の鳴動が集中する様子は、まさに群発地震を思わせる。そうであれば、幕府の政情とは関係なく、鳴動が発生するのは当然である。

何事が起ころうと、体制が安定していれば大した問題ではない。ところが、応仁・文明の大乱が勃発して幕府が揺らぎだすと、幕府のみならず朝廷にとってもただごとではなくなる。大乱の最中に発生した文明四年七月の鳴動は、規模も前例を淩いだこともあって、朝廷でも大問題となり、ついに八月十一日には満仲に従二位が贈られるに至った（後土御門天皇宣命、故源満仲追贈位記）。満仲は死去から五百年近くを経て、ついに大臣級の公卿に列したのである。

同様に源氏の子孫を名乗った江戸幕府でも満仲は尊崇された。戦国の争乱で破壊された多田院の建物は、四代将軍家綱の手で再建され、今日のその威容を伝えている。そして、五代将軍綱吉の元禄九年（一六九六）、満仲にはとうとう正一位が授与され、人間で到達できる限度を超越することになる。

満仲が尊崇された背景には、鳴動という偶発的に発生した異常事態もあったが、同時に別の要因も存した。すなわち、京に拠点をおく足利将軍家にとって、南北朝の激しい内乱に際して、満仲の廟所は始祖の霊廟として精神的な拠り所となったことがある。また、足利氏の先祖のうちでは、東国との関係が深い頼信・頼義・義家といった武将より、京で朝廷の警護に当たり、しかもその墓所もはっきりしている満仲こそが、始祖として尊崇の対象として相応しいものと考えられたのではないだろうか。

かくして、実態には不明確な部分もあるが、まずは矮小な軍事貴族に過ぎなかったと思われる満仲は、武士政権の祖として偶像化され、政治的な目的のもとで、その虚像は肥大化してゆくことになる。同じ室町時代に、京を守護した頼光が重視されるようになるのも、満仲に対する尊崇に関係する面もあったであろう。むろん、鎌倉・室町幕府両将軍の直接の祖先ではないために、公的に崇拝の対象となることはなかった。

頼光の偶像化

頼光は、すでに前章で取り上げたように、鎌倉時代以降の説話の世界で偶像化されてきた。それは、渡辺党の始祖伝説である綱の物語とも相まって、生成、発展されてきたのである。したがって、彼の虚像を肥大化させたのは、渡辺党の武士たちもさることながら、説話を作成、叙述するとともに、それを受け入れた貴族たちだったのである。

貴族が理想とする時代の一つ、一条朝はまさに政治の、そして王権の安定が実現した時代であった。王権を守護し、安定させたものは、武士の力に他ならない。むろん、頼光には武士としての大きな事績はないのだが、そうであるがゆえに、頼光は存在するだけで邪悪を押さえ込み、体制を安定させる超人という性格が付与されることになる。かくして、彼は王権を守護し、盗賊から怪異に至るまで、邪悪を撃退する存在とみなされ、妖怪・鬼神にも立ち向かってゆく、超人的な人物像が形成されることになる。

満仲の人物像には、殺生や陰謀と結びつく、残忍さ、陰惨さが拭いがたく纏わっていた。『平家物語』で、鹿ケ谷事件の密告者の役割を背負った多田行綱は、その祖で安和の変の密告者となった満仲との類似性が強調される。こうした負の部分を抱えた満仲は、文学の世界で偶像化することはありえなかった。彼は、歴代武士政権による公的な尊崇、さらにには廟所の鳴動という偶発的な怪異現象を通して、偶像化・神格化され、人物像は肥大化されることになったのである。

これに対し、武士としての残忍な部分を表面化させず、そればかりか武士としての事績さえも不明確な頼光には、もとより伝承が付加したり、偶像化しやすい側面があった。何よりも安定した時代に、陰謀に加担することもなく、平穏に過ごした武士頼光については、政治的な作為と無関係に、文学作品の主人公として、明朗で英雄的な人物像が形成されることになったのである。

満仲・頼光父子は実像においても、摂関政治を裏面と表舞台で支えるという対照的な役割を果たした。そして偶像化、伝説の形成においても、両者は対照的な経緯をたどったということになるのではないだろうか。

参考文献

本書全般に関するもの

熱田公・元木泰雄『多田満仲公伝』（多田神社　一九九七年）
鮎沢（朧谷）寿『人物叢書　源頼光』（吉川弘文館　一九六八年）
朧谷寿『清和源氏』（教育社新書　一九八四年）
川西市史編集委員会『かわにし　川西市史第一巻』（川西市　一九七四年）
近藤好和『中世的武具の成立と武士』（吉川弘文館　二〇〇〇年）
高橋昌明『清盛以前　伊勢平氏の興隆』（平凡社　一九八四年）
角田文衞監修・古代学協会編『平安京提要』（角川書店　一九九四年）
野口実『坂東武士団の成立と発展』（弘生書林　一九八二年）
兵庫県史編集専門委員会『兵庫県史』通史編一・二（兵庫県　一九七五年）
史料編古代一・二（兵庫県　一九八五・六年）
元木泰雄『武士の成立』（吉川弘文館　一九九四年）
元木泰雄編『日本の時代史7　院政の展開と内乱』（吉川弘文館　二〇〇二年）

第一章　武門源氏の祖――経基

井上満郎『平安時代軍事制度の研究』（吉川弘文館　一九八〇年）
上横手雅敬「平安中期の警察制度」（竹内理三博士還暦記念会編『律令国家と貴族社会』吉川弘文館　一九六九

年）
上横手雅敬『日本中世政治史研究』（塙書房　一九七〇年）
竹内理三『日本の歴史6　武士の登場』（中央公論社　一九六五年）
戸田芳実『初期中世社会史の研究』（東京大学出版会　一九九一年）
野口実『伝説の将軍　藤原秀郷』（吉川弘文館　二〇〇一年）
福田豊彦『平将門』（岩波書店　一九八一年）
松原弘宣『人物叢書　藤原純友』（吉川弘文館　一九九九年）
横井靖仁「中世神祇の展開——中世の宗教と国家」（『日本史研究』四七五号、二〇〇二年）

第二章　満仲と安和の変

上横手雅敬「平安中期の警察制度」（前掲）
黒板伸夫『摂関時代史論集』（吉川弘文館　一九八〇年）
土田直鎮『日本の歴史6　王朝の貴族』（中央公論社　一九六五年）
野口実『伝説の将軍　藤原秀郷』（前掲）
橋本義彦『平安貴族』（平凡社　一九八六年）
元木泰雄『院政期政治史研究』（思文閣出版　一九九六年）

第三章　満仲と多田

網野善彦『日本中世土地制度史の研究』（塙書房　一九九一年）
石井進『日本の歴史12　中世武士団』（小学館　一九七四年）

上横手雅敬『日本中世国家史論考』(塙書房　一九九四年)
佐藤進一・大隅和雄『時代と人物・中世』(読売新聞社　一九五九年)
戸田芳実『初期中世社会史の研究』(前掲)
野口実『伝説の将軍　藤原秀郷』(前掲)
橋本義彦『平安貴族』(前掲)
安田元久『日本初期封建制の基礎研究』(山川出版　一九七六年)

第四章　頼光と摂関政治

高重久美「西宮邸——和歌六人党の詠歌の場」(久下裕利編『狭衣物語の新研究』、新典社　二〇〇三年)
野口実『中世東国武士団の研究』(高科書店　一九九四年)
橋本義彦『平安貴族社会の研究』(吉川弘文館　一九七六年)
林屋辰三郎『古代国家の解体』(東京大学出版会　一九五五年)
元木泰雄『院政期政治史研究』(思文閣出版　一九九六年)
上横手雅敬・勝山清次・元木泰雄『日本の中世8　院政と平氏、鎌倉政権』(中央公論新社　二〇〇二年)

第五章　武人頼光とその周辺

入間田宣夫・豊見山和行『日本の中世5　北の平泉、南の琉球』(中央公論新社　二〇〇二年)
朧谷寿「大和守源頼親伝」(『古代学』一七―二　一九七〇年)
加地宏江・中原俊章『中世の大阪　水の里の兵たち』(松籟社　一九八四年)
近藤好和「源頼光　摂関期の軍事貴族」(元木泰雄編『古代の人物6　王朝の変容と武者』清文堂　二〇〇五年)

高橋昌明『酒呑童子の誕生　もう一つの日本文化』（中央公論社　一九九二年）
元木泰雄「『今昔物語集』における武士」（安田章編『鈴鹿本今昔物語集――影印と考証』京都大学学術出版会、一九九七年）
横澤大典「源頼信　河内源氏の成立」（元木泰雄編『古代の人物6　王朝の変容と武者』清文堂　二〇〇五年）

第六章　摂津源氏の動向

鮎沢（朧谷）寿「源頼国」（『古代文化』一九―六・二〇―三　一九六七・八年）
多賀宗隼『人物叢書　源頼政』（吉川弘文館　一九七三年）
高重久美「西宮邸――和歌六人党の詠歌の場」（前掲）
角田文衞『王朝の映像』（東京堂出版　一九七〇年）
早川厚一『平家物語を読む　成立の謎をさぐる』（和泉書院　二〇〇〇年）
元木泰雄「摂津源氏一門――軍事貴族の性格と展開――」（『史林』六七―六　一九八四年）
元木泰雄『院政期政治史研究』（前掲）
元木泰雄『人物叢書　藤原忠実』（吉川弘文館　二〇〇〇年）
元木泰雄『平清盛の闘い　幻の中世国家』（角川書店　二〇〇一年）

終章　伝説の満仲・頼光像

清水真澄「経師の世界――多田源氏の末裔たち」（石川透・岡見弘道・西村聡編『徳江元正退職記念　鎌倉・室町文學論纂』、三弥井書店　二〇〇二年）

高橋昌明『酒呑童子の誕生』（前掲）
西山克「物言う墓」（東アジア恠異学会編『怪異学の技法』臨川書店　二〇〇三年）
兵庫県史編集専門委員会『兵庫県史』史料編中世一（兵庫県　一九八八年）

あとがき

最初に本書の執筆の依頼を受けた時には、源満仲一人を対象とするようにということであった。その時、すぐに思ったことは、伝説や信仰の世界はともかく、満仲に関する史実はあまりに乏しく、到底一冊の書物にはなりえないのではないか、ということである。史料は少なくとも、大きな政治体制や、衝撃的な芸術作品を作り上げた人物なら、まだ書き様もあるだろう。しかし、満仲は所詮、摂関政治確立期に権力者の走狗の役割を果たした矮小な存在に過ぎない。正直に言って、戸惑いを隠せなかった。

ただ、満仲には関心もあった。ちょうど鎌倉幕府成立に至る河内源氏の歴史を振り返ろうとしていただけに、武門としての基礎を確立した満仲は、いつかは取り上げなければならない人物であった。また、実像はともかくとして、日本評伝選の一人として選ばれる程、彼は著名な存在ということにもなる。伝説に包まれて曖昧なものとなっている史実を確定することが必要だし、さらに史実と伝説との大きな落差それ自体も、解明する必要があるように思われた。戸惑いながらも執筆に取り組んだのはこうした原因による。

とはいえ、満仲に関する確実な史料はごくわずか。規定の枚数分に達しないことは如何ともしがたいことであった。そこで嫡男頼光を併せて取り上げるという、やや異例の形態を取ることで分量の限界を克服することにした。頼光をも対象としたのは、もちろん単に分量だけの問題ではない。摂関政治確立期に活動した満仲に対し、摂関政治全盛期に活躍した頼光を対比することで、摂関政治と武士の関係の変化、当時の武士の特質を浮き彫りにできると考えたためでもある。

さらに、こうした関心の延長から、様々な面で頼光と対照的な性格を有する弟たち、そして武士政権を樹立する河内源氏とは裏腹に、嫡流でありながら没落した頼光の子孫たちにも言及し、武士の存在形態に一歩踏み込む形で論じることになった。武士における王権守護と夷狄からの防禦、あるいは宗教的な威力と物理的暴力の二つの側面を論ずる上で、摂津源氏と大和源氏・河内源氏との対比は恰好の素材と考えられたのである。

満仲と頼光を同時に叙述したことで、あたかも表裏一対のごとき両者の側面が様々な意味で明らかになったと思う。そのことを通して摂関政治確立の経緯を逆に照射できたのではないか、と密かに自負している。また、初期の武士の政治的、軍事的特質を解明するとともに、先述した武士の両側面にもふれて、武士論に一石を投じることができたという思いもある。もっとも、それらがどこまで成功を収めたかは、甚だ心もとない。ただ、読者の判断にお任せするばかりである。

九月の半ば、畏友近藤好和氏や大学院生たちと、多田神社や満願寺を訪れる機会を得た。航空写真でみれば、すっかり住宅に囲繞されたはずの多田神社の一角には、本書冒頭に記したように、実に森閑として遠い昔を彷彿とさせる雰囲気があった。満仲自身は、たしかに矮小な存在ではある。しかし、その子孫が大きく繁栄したことは疑いない。そのことが、誰しもが願う子孫繁栄の思いにつながり、今日もなお信仰の対象として畏敬されることになったのであろう。生誕後まもない乳児とともに参詣する家族連れの姿を見ながら、史実と信仰の関係に思いを馳せたのであった。

もっとも、その日は生憎の雲行きで、神社をあとにするころにはかなり雨足も強くなってしまった。あるいは拙著が満仲公のご機嫌を損ねたのであろうか。

本書をなすにあたって、ミネルヴァ書房の田引勝二・涌井格両氏にお世話になった。厚くお礼を申し上げる。また原稿の下読みや年表作成等をお手伝いいただいた横澤大典・佐伯智広両氏、そしていつも私を支えてくれる家族に感謝を表わしたい。

元木泰雄

付記：重版にともなう誤記・誤植の修正に際して、入間田宣夫氏のご教示により誤記を改めた箇所がある。厚く御礼を申し上げたい。

三刷に際し、長村祥知氏から誤記・誤植に関するご教示をいただいた。厚く御礼を申し上げる。

源満仲・頼光略年譜

和暦	西暦	関係事項	一般事項
延喜十二	九一二	源満仲、源経基の息として出生。母不詳。生年は『尊卑分脈』によるが、疑わしい。本書中では九二〇年代前半と推定。	
承平　五	九三五		2・―桓武平氏一族の内紛が起こる（平将門の乱。私闘段階）。
天慶　二	九三九	2・―武蔵介源経基と郡司武芝の紛争に平将門介入。経基、京へ逃亡し将門を訴える。6・9経基、誣告罪により左衛門府に禁固される。	11・21将門、常陸国府を攻撃。平将門の乱、国家的反乱となる。12・―藤原純友海上に進発、備前介藤原子高を殺害（藤原純友の乱）。
三	九四〇	正・9経基、将門の反乱を密告した賞により従五位下に叙される。3・9経基、将門追討の勲功賞により大宰権少弐に任じられる。8・27経基、追捕山陽・南海両道凶賊使次官に任じられる。	2・14平貞盛・藤原秀郷、平将門を討つ。
四	九四一	6・20純友、伊予国で討たれる。9・6経基、純友	5・―純友、大宰府を襲撃。その後

			軍の武将桑原生行を討つ（経基の唯一の武人としての活動）。	官軍に敗北。
	九	九四六	10・21大宰少弐経基、異国船の対馬来着を上申する。	
天徳	四	九六〇	10・2平将門の子入京の噂により、満仲、検非違使らとともに捜索活動を行う。	9・23初の内裏焼亡。
応和	元	九六一	5・10満仲宅に強盗が入る。11・4経基死去（『勅撰作者部類』は応和二年12・24没とする）。	
康保	二	九六五	7・21満仲、村上天皇の鷹飼となる。	
	四	九六七	6・14満仲固関使を辞退する。	5・25冷泉天皇践祚。
安和	元	九六八	この年、満仲、住吉社参詣の途上、霊夢にて明神の放った矢に従い多田に到達、大蛇を退治し多田を支配する（『摂州河辺郡多田院縁起』の伝承）。	
	二	九六九	3・25満仲の密告により、源高明が大宰権帥に左遷される（安和の変）。満仲は賞により正五位下に昇進。	8・13円融天皇践祚。
天禄	元	九七〇	この年、満仲、摂津国川辺郡に多田院を創建（『帝王編年記』によるも、疑問）。	
天延	元	九七三	4・23強盗、満仲宅を包囲し放火、周辺500戸延焼。	
天元	五	九八二	3・5満仲、常陸介に在任。	
永観	元	九八三	3・25満仲、摂津守に還任。	
寛和	二	九八六	6・23花山天皇出家し、一条天皇践祚。出家の際に	6・23藤原兼家、摂政となる。

			源氏関与。この年頼光、東宮居貞親王（三条天皇）の東宮権大進となる。この年満仲、清原元輔と和歌を贈答。	7・16居貞親王立太子。
永延	元	九八七	8・16満仲、多田宅にて出家。法名満慶。	
	二	九八八	9・16頼光、兼家に馬30頭を贈る。	
正暦	元	九九〇	7・2藤原兼家死去。頼光、葬儀の席上での藤原道長の振舞いに感心。	
	二	九九一	3・18満仲、仁康の五時講に結縁。	
	三	九九二	1・20頼光、備前守に在任。	
長徳	元	九九五		5・11藤原道長、内覧となる。
	二	九九六	4・24藤原伊周・隆家、花山法皇一行を射た罪などにより大宰権帥・出雲権守に左遷される（長徳の政変）。頼光、警備に動員される。	
	三	九九七	8・27満仲死去。	
長保	三	一〇〇一	3・28頼光、美濃守に在任。	
寛弘	三	一〇〇六	正・20頼光、美濃国の解由を提出。	
	四	一〇〇七	8・12頼光、金峰山に参詣した藤原道長を出迎える。	
	六	一〇〇九	4・17道長、頼光邸を訪れる。	
	七	一〇一〇	5・12頼光、道長邸での法華三十講に非時を進上。以後恒例に。11・4道長、頼光邸を訪れる。	

	八	一〇一一	8・23頼光、藤原行成男良経の元服に出席。10・19頼光、正四位下に昇進。これ以前に但馬守・昇殿を許され殿上人となる。	6・13三条天皇践祚。
長和	元	一〇一二	6・28頼光ほか道長と親しい人々の家に虹が立つ。	
	二	一〇一三	6・25藤原頼通・教通、頼光の邸宅を嫌悪する。この年頼光、内蔵頭となる（～寛仁二〈一〇一八〉）。	
	三	一〇一四	2・16源頼親、藤原道長に摂津守に推挙されるも、認められず。	
	四	一〇一五	⑥・12頼光、法華八講を開催。道長、掛12領を贈る。美濃守に在任。	
	五	一〇一六	正・17頼光、焼失した東宮敦成親王（後一条天皇）の即位儀礼用品の調進を命じられる。正・29頼光、三条上皇の院司となる。5・9頼光、三条上皇に菓子を献上。8・2頼光、美濃守に在任。	1・29後一条天皇践祚、道長摂政となる。
寛仁	元	一〇一七	3・11頼親、清原致信を殺害。5・12頼光、三条上皇の葬送を後一条天皇に報告。	3・16藤原頼通、摂政となる。
	二	一〇一八	4・1頼光、伊予守として伊予国の右近衛府大粮米百五十石を検封し問題となる。6・20頼光、再建された藤原道長の土御門殿に大量の調度品を献上。	
	三	一〇一九	2・18頼光、任国伊予へ下向。道長、馬などを贈る。	3・28刀伊の入寇。

治安 元	一〇二一	7・19頼光死去。当時摂津守。	
万寿 四	一〇二七		12・4藤原道長死去。
長元 元	一〇二八		6・21平忠常の乱(～一〇三一)。
三	一〇三〇	9・2甲斐守源頼信、平忠常追討を命じられる。	
永承 元	一〇四六	この年頼信、自らを陽成源氏とする告文を石清水八幡宮に奉納。	
五	一〇五〇	正・25頼親、興福寺と衝突し土佐に配流される。	
六	一〇五一	この年、源頼義陸奥守となる。前九年合戦(～一〇六二)	
治暦 四	一〇六八		4・19後三条天皇践祚。
延久 二	一〇七〇	8・1源義家、陸奥の在庁官人藤原基通を追捕。この年陸奥守源頼俊、北奥の蝦夷討伐を行う。	
承保 二	一〇七五	10・3源頼綱、藤原師実の厩別当となる。	10・15藤原師実、関白となる。
承暦 三	一〇七九	6・2頼綱、延暦寺強訴の防禦に動員される。	
永保 三	一〇八三	この年義家陸奥守となる。	
応徳 三	一〇八六		11・26白河天皇、堀河天皇に譲位。
嘉保 元	一〇九四	4・8源義綱、出羽の平師妙の乱を平定。	
二	一〇九五	10・24源頼治、延暦寺強訴の際に神輿を射る。	
永長 元	一〇九六	12・2源明国、藤原師通の職事となる。	
康和 元	一〇九九		6・28藤原師通死去。日吉社神罰の

康和 二	一一〇〇	9・―頼治配流される。	噂あり。
天永 二	一一一一	11・21明国、源為義等の郎等らを殺害し入京、死穢を広めたため、佐渡に配流される。	
元永 元	一一一八	2・5源仲正、源義親を称する者を追捕。	
仁平 元	一一五一	7・16源頼憲、源為義の摂津旅亭を焼く。	
二	一一五二	7・12源行国、藤原頼長の依頼により殺人犯である興福寺僧道継を多田荘に匿う。	
保元 元	一一五六	7・11保元の乱。源頼盛、東三条殿にて後白河天皇を警護。この月、頼憲斬首される。	7・2鳥羽法皇死去。
治承 元	一一七七	6・29鹿ケ谷事件。源行綱、後白河院近臣の陰謀を平清盛に密告。	
二	一一七八	12・14頼政、従三位に叙され公卿となる。	
四	一一八〇	5・15以仁王挙兵。5・26源頼政、宇治川合戦で敗死。	8・17源頼朝挙兵。
寿永 二	一一八三	7・22行綱、摂津国河尻の船を奪取。11・19法住寺合戦。行綱、後白河院方に参戦し敗北。	7・25平氏都落ち。
元暦 元	一一八四	2・7一ノ谷合戦。行綱、山手から攻撃し勲功を挙げる。	
文治 元	一一八五	6・8源頼朝、行綱から多田荘を没収する。	3・24壇ノ浦合戦で平氏滅亡。

承久 三	一二二一	6・20承久の乱。源基綱、京方で参戦し敗北、処刑される。	
建治 元	一二七五	10・15極楽寺の忍性、多田院別当を兼任。	
文和 元	一三五二	②・25足利義詮、天下静謐の祈禱を多田院に命じる。	
延文 三	一三五八	6・29足利尊氏の遺骨が多田院に奉納される。	4・30足利尊氏死去。
応安 元	一三六八	2・29足利義詮の遺骨が多田院に奉納される。	
応永 元	一三九四	11・12足利義満、多田院の所領を安堵。	12・―義満太政大臣となり、将軍職を義持に譲る。
二二	一四一五	11・―多田院が初めて鳴動する。以後頻発。	
三四	一四二七	4・25足利義持、多田院を公的に曩祖の寺院として位置付ける。	
永享 六	一四三四	8・1足利義勝誕生に際し、多田院に神馬が奉納される（以後恒例となる）。	
文明 四	一四七二	7・1多田院鳴動。8・11満仲に従二位を追贈。	
元禄 九	一六九六	8・10東山天皇、満仲に正一位を授与。	

大谷光瑞　白須淨眞
*久米邦武　髙田誠二
フェノロサ　伊藤　豊
三宅雪嶺　長妻三佐雄
内村鑑三　新保祐司
*岡倉天心　木下長宏
志賀重昂　中野目徹
徳富蘇峰　杉原志啓
竹越與三郎　西田　毅
内藤湖南・桑原隲蔵　礪波　護
岩村　透　今橋映子
西田幾多郎　大橋良介
喜田貞吉　中村生雄
上田　敏　及川　茂
柳田国男　鶴見太郎
厨川白村　張　競
大川周明　山内昌之
折口信夫　斎藤英喜
九鬼周造　粕谷一希
辰野　隆　金沢公子
シュタイン　瀧井一博
*福澤諭吉　平山　洋
福地桜痴　山田俊治
中江兆民　田島正樹
田口卯吉　鈴木栄樹

*陸　羯南　松田宏一郎
黒岩涙香　奥　武則
宮武外骨　山口昌男
*吉野作造　田澤晴子
野間清治　佐藤卓己
山川　均　米原　謙
岩波茂雄　十重田裕一
北　一輝　岡本幸治
杉　亨二　速水　融
*北里柴三郎　福田眞人
田辺朔郎　秋元せき
*南方熊楠　飯倉照平
寺田寅彦　金森　修
石原　純　金子　務
J・コンドル　鈴木博之
辰野金吾　河上真理・清水重敦
小川治兵衛　尼崎博正

現代

昭和天皇　御厨　貴
高松宮宣仁親王　後藤致人
*李方子　小田部雄次
吉田　茂　中西　寛

マッカーサー　柴山　太
重光　葵　武田知己
池田勇人　中村隆英
和田博雄　庄司俊作
朴正熙　木村　幹
竹下　登　真渕　勝
*松永安左エ門　橘川武郎
鮎川義介　井口治夫
出光佐三　橘川武郎
松下幸之助　米倉誠一郎
渋沢敬三　井上　潤
本田宗一郎　伊丹敬之
井深　大　武田　徹
佐治敬三　小玉　武
幸田家の人々　金井景子
*正宗白鳥　大嶋　仁
大佛次郎　福島行一
*川端康成　大久保喬樹
薩摩治郎八　小林　茂
松本清張　杉原志啓
安部公房　成田龍一
三島由紀夫　島内景二

R・H・ブライス　菅原克也
金素雲　林　容澤
柳　宗悦　熊倉功夫
バーナード・リーチ　鈴木禎宏
イサム・ノグチ　酒井忠康
川端龍子　岡部昌幸
藤田嗣治　林　洋子
*井上有一　海上雅臣
*手塚治虫　竹内オサム
山田耕筰　後藤暢子
古賀政男　藍川由美
*吉田　正　金子　勇
武満　徹　船山　隆
*力道山　岡村正史
美空ひばり　朝倉喬司
植村直巳　湯川　豊
*西田天香　宮田昌明
安倍能成　中根隆行
G・サンソム　牧野陽子
和辻哲郎　小坂国継
青木正児　井波律子
矢代幸雄　稲賀繁美

石田幹之助　岡本さえ
*平泉　澄　若井敏明
安岡正篤　片山杜秀
島田謹二　小林信行
前嶋信次　杉田英明
竹山道雄　平川祐弘
保田與重郎　谷崎昭男
福田恆存　川久保剛
井筒俊彦　安藤礼二
佐々木惣一　松尾尊兊
*瀧川幸辰　伊藤孝夫
矢内原忠雄　等松春夫
福本和夫　伊藤　晃
*フランク・ロイド・ライト　大久保美春
大宅壮一　有馬　学
清水幾太郎　竹内　洋
今西錦司　山極寿一

*は既刊
二〇一〇年三月現在

葛飾北斎　岸 文和
酒井抱一　玉蟲敏子
孝明天皇　青山忠正
*和 宮　辻ミチ子
徳川慶喜　大庭邦彦
島津斉彬　原口 泉
*古賀謹一郎　小野寺龍太
栗本鋤雲　小野寺龍太
西 周　清水多吉
*月 性　海原 徹
*吉田松陰　海原 徹
*高杉晋作　海原 徹
オールコック　佐野真由子
アーネスト・サトウ　奈良岡聰智
冷泉為恭　中部義隆

近代

*明治天皇　伊藤之雄
*大正天皇　F・R・ディキンソン
昭憲皇太后・貞明皇后　小田部雄次

大久保利通　三谷太一郎
山県有朋　鳥海 靖
木戸孝允　落合弘樹
井上 馨　伊藤之雄
*松方正義　室山義正
北垣国道　小林丈広
板垣退助　小川原正道
大隈重信　五百旗頭薫
伊藤博文　坂本一登
井上 毅　大石 眞
井上 勝　老川慶喜
*桂 太郎　小林道彦
*乃木希典　佐々木英昭
林 董　君塚直隆
児玉源太郎　小林道彦
*高宗・閔妃　木村 幹
山本権兵衛　室山義正
高橋是清　鈴木俊夫
小村寿太郎　簑原俊洋
*犬養 毅　小林惟司
加藤高明　櫻井良樹
加藤友三郎・寛治　麻田貞雄
田中義一　黒沢文貴

平沼騏一郎　堀田慎一郎
宇垣一成　北岡伸一
宮崎滔天　榎本泰子
*浜口雄幸　川田 稔
幣原喜重郎　西田敏宏
関 一　玉井金五
広田弘毅　井上寿一
安重根　上垣外憲一
グルー　廣部 泉
永田鉄山　森 靖夫
東條英機　牛村 圭
今村 均　前田雅之
蔣介石　劉 岸偉
石原莞爾　山室信一
木戸幸一　波多野澄雄
岩崎弥太郎　武田晴人
伊藤忠兵衛　末永國紀
五代友厚　田付茉莉子
大倉喜八郎　村上勝彦
安田善次郎　由井常彦
渋沢栄一　武田晴人
山辺丈夫　宮本又郎
武藤山治　阿部武司・桑原哲也
小林一三　橋爪紳也

大倉恒吉　石川健次郎
大原孫三郎　猪木武徳
*河竹黙阿弥　今尾哲也
イザベラ・バード　加納孝代
*林 忠正　木々康子
森 鷗外　小堀桂一郎
二葉亭四迷　ヨコタ村上孝之
巌谷小波　千葉信胤
樋口一葉　佐伯順子
島崎藤村　十川信介
泉 鏡花　東郷克美
有島武郎　亀井俊介
永井荷風　川本三郎
北原白秋　平石典子
菊池 寛　山本芳明
宮澤賢治　千葉一幹
正岡子規　夏石番矢
高浜虚子　坪内稔典
与謝野晶子　佐伯順子
*種田山頭火　村上 護
斎藤茂吉　品田悦一
*高村光太郎　湯原かの子

萩原朔太郎　エリス俊子
原阿佐緒　秋山佐和子
*狩野芳崖・高橋由一　古田 亮
竹内栖鳳　北澤憲昭
黒田清輝　高階秀爾
中村不折　石川九楊
横山大観　高階秀爾
*橋本関雪　西原大輔
小出楢重　芳賀 徹
土田麦僊　天野一夫
岸田劉生　北澤憲昭
松旭斎天勝　川添 裕
中山みき　鎌田東二
ニコライ　中村健之介
出口なお・王仁三郎　川村邦光
島地黙雷　阪本是丸
*新島 襄　太田雄三
木下広次　冨岡 勝
嘉納治五郎　クリストファー・スピルマン
*澤柳政太郎　新田義之
河口慧海　高山龍三
山室軍平　室田保夫

竹崎季長　堀本一繁
西行　光田和伸
藤原定家　赤瀬信吾
*京極為兼　今谷明
*兼好　島内裕子
重源　横内裕人
*運慶　根立研介
法然　今堀太逸
慈円　大隅和雄
明恵　西山厚
親鸞　末木文美士
恵信尼・覚信尼　西口順子
覚如　今井雅晴
道元　船岡誠
叡尊　細川涼一
*忍性　松尾剛次
*日蓮　佐藤弘夫
一遍　蒲池勢至
夢窓疎石　田中博美
*宗峰妙超　竹貫元勝

南北朝・室町

後醍醐天皇　上横手雅敬
護良親王　新井孝重
*北畠親房　岡野友彦
楠正成　兵藤裕己
*新田義貞　山本隆志
光厳天皇　深津睦夫
足利尊氏　市沢哲
佐々木道誉　下坂守
円観・文観　田中貴子
足利義満　川嶋將生
足利義教　横井清
大内義弘　平瀬直樹
伏見宮貞成親王　松薗斉
山名宗全　山本隆志
日野富子　脇田晴子
世阿弥　西野春雄
雪舟等楊　河合正朝
宗祇　鶴崎裕雄
*満済　森茂暁
一休宗純　原田正俊

戦国・織豊

北条早雲　家永遵嗣
毛利元就　岸田裕之
*今川義元　小和田哲男
*武田信玄　笹本正治
武田勝頼　笹本正治
*真田氏三代　笹本正治
三好長慶　仁木宏
宇喜多直家・秀家　渡邊大門
*上杉謙信　矢田俊文
吉田兼倶　西山克
山科言継　松薗斉
*雪村周継　赤澤英二
織田信長　三鬼清一郎
豊臣秀吉　藤井讓治
*北政所おね　田端泰子
*淀殿　福田千鶴
前田利家　東四柳史明
黒田如水　小和田哲男
蒲生氏郷　藤田達生
*細川ガラシャ　田端泰子
伊達政宗　伊藤喜良
*支倉常長　田中英道
ルイス・フロイス　エンゲルベルト・ヨリッセン
*長谷川等伯　宮島新一
顕如　神田千里

江戸

徳川家康　笠谷和比古
徳川吉宗　横田冬彦
*後水尾天皇　久保貴子
光格天皇　藤田覚
崇伝　杣田善雄
春日局　福田千鶴
池田光政　倉地克直
シャクシャイン　岩崎奈緒子
*田沼意次　藤田覚
*二宮尊徳　小林惟司
末次平蔵　岡美穂子
高田屋嘉兵衛　生田美智子
林羅山　鈴木健一
吉野太夫　渡辺憲司
中江藤樹　辻本雅史
山崎闇斎　澤井啓一
山鹿素行　前田勉
*北村季吟　島内景二
貝原益軒　辻本雅史
松尾芭蕉　楠元六男
*ケンペル　B・M・ボダルト＝ベイリー
荻生徂徠　柴田純
雨森芳洲　上田正昭
前野良沢　松田清
平賀源内　石上敏
本居宣長　田尻祐一郎
杉田玄白　吉田忠
上田秋成　佐藤深雪
木村蒹葭堂　有坂道子
*大田南畝　沓掛良彦
菅江真澄　赤坂憲雄
*鶴屋南北　諏訪春雄
良寛　阿部龍一
*山東京伝　佐藤至子
*滝沢馬琴　高田衛
平田篤胤　川喜田八潮
シーボルト　宮坂正英
本阿弥光悦　岡佳子
小堀遠州　中村利則
狩野探幽・山雪　山下善也
尾形光琳・乾山　河野元昭
*二代目市川團十郎　田口章子
与謝蕪村　佐々木丞平
伊藤若冲　狩野博幸
鈴木春信　小林忠
円山応挙　佐々木正子
*佐竹曙山　成瀬不二雄

ミネルヴァ日本評伝選

企画推薦
梅原　猛
ドナルド・キーン
佐伯彰一
角田文衞

監修委員
上横手雅敬
芳賀　徹

編集委員
石川九楊
伊藤之雄
猪木武徳
今谷　明
今橋映子
熊倉功夫
佐伯順子
坂本多加雄
武田佐知子
竹西寛子
西口順子
兵藤裕己
御厨　貴

上代

俾弥呼　古田武彦
日本武尊　西宮秀紀
仁徳天皇　若井敏明
雄略天皇　吉村武彦
*蘇我氏四代　遠山美都男
推古天皇　義江明子
聖徳太子　仁藤敦史
斉明天皇　武田佐知子
小野妹子・毛人　大橋信弥
*額田王　梶川信行
弘文天皇　遠山美都男
天武天皇　新川登亀男
持統天皇　丸山裕美子
阿倍比羅夫　熊田亮介
柿本人麻呂　古橋信孝
*元明天皇・元正天皇　渡部育子
聖武天皇　本郷真紹
光明皇后　寺崎保広
孝謙天皇　勝浦令子
藤原不比等　荒木敏夫
吉備真備　今津勝紀
藤原仲麻呂　木本好信
道　鏡　吉川真司
大伴家持　和田　萃
行　基　吉田靖雄

平安

*桓武天皇　井上満郎
嵯峨天皇　西別府元日
宇多天皇　古藤真平
醍醐天皇　石上英一
村上天皇　京樂真帆子
花山天皇　上島　享
三条天皇　倉本一宏
藤原薬子　中野渡俊治
小野小町　錦　仁
藤原良房・基経　滝浪貞子
菅原道真　竹居明男
*紀貫之　神田龍身
源高明　所　功
慶滋保胤　平林盛得
*安倍晴明　斎藤英喜
藤原実資　橋本義則
*藤原道長　朧谷　寿
藤原定子　山本淳子
清少納言　後藤祥子
紫式部　竹西寛子
和泉式部　ツベタナ・クリステワ
大江匡房　小峯和明
阿弖流為　樋口知志
坂上田村麻呂　熊谷公男
*源満仲・頼光　元木泰雄
平将門　西山良平
藤原純友　寺内　浩
空　海　頼富本宏
最　澄　吉田一彦
*空　也　石井義長
奝　然　上川通夫
*源　信　小原　仁
後白河天皇　美川　圭
式子内親王　奥野陽子
建礼門院　生形貴重
平清盛　田中文英
藤原秀衡　入間田宣夫
平時子・時忠　元木泰雄
平維盛　根井　浄
守覚法親王　阿部泰郎
藤原隆信・信実　山本陽子

鎌倉

源頼朝　川合　康
*源義経　近藤好和
源実朝　神田龍身
後鳥羽天皇　五味文彦
九条兼実　村井康彦
北条時政　野口　実
熊谷直実　佐伯真一
*北条政子　関　幸彦
北条義時　岡田清一
曾我十郎・五郎　杉橋隆夫
北条時宗　近藤成一
安達泰盛　山陰加春夫
平頼綱　細川重男

刊行のことば

歴史を動かすものは人間であり、興趣に富んだ人間の動きを通じて、世の移り変わりを考えるのは、歴史に接する醍醐味である。

しかし過去の歴史学を顧みるとき、人間不在という批判さえ見られたように、歴史における人間のすがたが、必ずしも十分に描かれてきたとはいえない。二十一世紀を迎えた今、歴史の中の人物像を蘇生させようとの要請はいよいよ強く、またそのための条件もしだいに熟してきている。

この「ミネルヴァ日本評伝選」は、正確な史実に基づいて書かれるのはいうまでもないが、単に経歴の羅列にとどまらず、歴史を動かしてきたすぐれた個性をいきいきとよみがえらせたいと考える。そのためには、対象とした人物とじっくりと対話し、ときにはきびしく対決していくことも必要になるだろう。

今日の歴史学が直面している困難の一つに、研究の過度の細分化、瑣末化が挙げられる。それは緻密さを求めるが故に陥った弊害といえるが、その結果として、歴史の大きな見通しが失われ、歴史学を通しての社会への働きかけの途が閉ざされ、人々の歴史への関心を弱める危険性がある。今こそ歴史が何のためにあるのかという、基本的な課題に応える必要があろう。評伝という興味ある方法を通じて、解決の手がかりを見出せないだろうかというのも、この企画の一つのねらいである。

狭義の歴史学の研究者だけでなく、多くの分野ですぐれた業績をあげている著者たちを迎えて、従来見られなかった規模の大きな人物史の叢書として、「ミネルヴァ日本評伝選」の刊行を開始したい。

平成十五年（二〇〇三）九月

ミネルヴァ書房

《著者紹介》
元木泰雄（もとき・やすお）
1954年　兵庫県生まれ。
1978年　京都大学文学部卒業。
1983年　京都大学大学院文学研究科博士課程後期課程指導認定退学。
大手前女子大学助教授，京都大学総合人間学部助教授を経て，
現　在　京都大学大学院人間・環境学研究科教授
（中世前期政治史専攻・文学博士）。
著　書　『武士の成立』吉川弘文館，1994年。
『院政期政治史研究』思文閣出版，1996年。
『人物叢書　藤原忠実』吉川弘文館，2000年。
『平清盛の闘い――幻の中世国家』角川書店，2001年。
『日本の中世8　院政と平氏，鎌倉政権』共著，中央公論新社，2002年。
『日本の時代史7　院政の展開と内乱』共編著，吉川弘文館，2002年，
ほか多数。

ミネルヴァ日本評伝選
源《みなもとの》満《みつ》仲《なか》・頼《より》光《みつ》
――殺生放逸 朝家の守護――

2004年2月10日　初版第1刷発行　〈検印省略〉
2010年4月10日　初版第3刷発行

定価はカバーに
表示しています

著　者　元木泰雄
発行者　杉田啓三
印刷者　江戸宏介

発行所　株式会社　ミネルヴァ書房
607-8494　京都市山科区日ノ岡堤谷町1
電話（075）581-5191（代表）
振替口座　01020-0-8076番

共同印刷工業・新生製本

ISBN978-4-623-03967-8

Printed in Japan

人名索引

あ 行

足利尊氏　193-195
足利直義　195
足利義詮　195
足利義勝　196
足利義教　196, 197
足利義政　196
足利義満　5, 195
足利義持　196, 197
敦良親王(後朱雀天皇)　91
敦成親王(後一条天皇)　91, 104, 105, 108, 112, 113, 116-118, 161
鮎沢(朧谷)寿　91, 112, 121, 122
安徳天皇　186-188, 190
一条天皇　44, 64, 91, 92, 95, 96, 99-101, 112-114, 116, 118, 123, 127, 128, 132
伊藤六　72
居貞親王(三条天皇)　63, 64, 92, 121, 122
入間田宣夫　145
院源　66
宇多天皇　4
上横手雅敬　72
恵美押勝　27
円融天皇　63, 114
大内惟義　193
大江景理　140
大江匡衡　100, 121
大蔵春実　18, 19, 30
太田頼助　190
興世王　11-13
小野好古　17, 19, 21-23

か 行

覚運　66
花山天皇　4, 62, 63, 67, 77, 81, 92, 98, 111, 114, 116, 117
花山法皇　96
葛原親王　5
官子内親王　165
儇子内親王　135
桓武天皇　6, 125, 145
寛誉　176
木曽義仲　188-192
鬼同丸　128, 133
紀文度　18
紀淑人　15
清原致信　143
清原元輔　86, 143
九条兼実　191
百済貞連　11
倉橋弘重　31
桑原生行　20-22
源賢　34, 66-69
建春門院滋子　183
源信　66, 37, 79
後一条天皇　91, 103-105, 108, 113, 114, 118, 136, 140, 143
光孝天皇　4, 6
幸寿丸　67
高師直　195
後三条天皇　145, 154, 166
後白河院　179-191
後朱雀天皇　91

後醍醐天皇　195
後土御門天皇　198
後鳥羽上皇　193
近衛天皇　187
近藤好和　130, 131

さ　行

西行　54
西光　183, 184
済子女王　96
佐伯公行　108
佐伯是基　20, 21
佐伯経範　155
坂田公時　133
嵯峨天皇　4, 5, 32
坂上苅田麻呂　27
坂上田村麻呂　27
相模　102
貞純親王　8, 9, 16, 31
佐藤進一　72
三条院　93, 135
三条上皇　136
三条天皇　4, 64, 78, 79, 92, 103-105, 108, 112, 114, 116, 117, 120, 130, 138, 161
慈円　177
式明親王　31
重仁親王　179
俊寛　183, 184
性空　63
上東門院　166
白河院　5, 27, 83, 110, 121, 156, 162, 171, 173-175, 185
白河天皇　165, 166, 169
信実　147, 180
信西(藤原通憲)　178
尋禅　67
菅原為職　140
輔仁親王　54, 156
朱雀天皇　15, 43
崇徳天皇　179-181, 185
清少納言　86, 143, 144
清和天皇　4, 8, 9, 31, 44, 64

た　行

醍醐天皇　4, 31, 34, 37, 39
当麻為頼　143
平家貞　72, 73
平家継　73
平経盛　186
平清盛　60, 73, 180, 183-187, 189, 190
平国香　2, 12
平惟(維)時　28, 80, 31, 97, 151
平維敏　79
平惟仲　118, 119, 136, 160
平維叔　28, 80, 81, 97, 112, 150
平維衡　96, 127, 139, 150, 151
平維将　80, 91, 97
平維茂　123
平惟基(維幹)　151, 152
平貞道　102, 133-135, 147, 148, 153, 155
平貞盛　2, 3, 10, 12, 14, 16, 19, 25, 27, 28, 59, 79-81, 97, 127, 151
平貞能　190
平重盛　73
平季武　133, 135
平資盛　190
平忠常　80, 102, 135, 148, 150-153
平忠正　180, 181
平忠盛　72, 73, 137
平親信　55
平時子　183
平徳子　187
平直方　80, 153
平生昌　102

平信範　178, 180, 182, 183
平将門　2, 3, 12-15, 17-19, 24, 27, 30-32, 46, 49, 50, 55, 74, 80, 125, 135, 152
平正盛　102, 174
平致光　96, 97, 99, 127
平宗盛　187
平致頼　96, 127
平盛子　184
平師妙　155
平良兼　2, 12, 96
平良文　134
平良正　2, 12
平義盛　52
高倉上皇　187
高階明順　108
高階貴子　108
高階業遠　112
高橋昌明　129, 132, 133
高望王　6
多田蔵人満重　75, 76
橘遠保　19
橘繁延　37, 38
橘為義　79, 102, 110
橘俊綱　110
橘敏延　47, 48
為平親王　38, 41-44, 49, 51
洞院公定　8
道継　176
時姫　104
徳川家綱　198
徳川綱吉　198
戸田芳実　59
鳥羽院　83, 179, 185, 188
鳥羽天皇　54, 173, 178
友久　75

な　行

中務仲光　67
二条天皇　185
仁康　77, 79
忍性　194
仁明天皇　4, 6
能因　165
野口実　49, 50, 52, 53, 96, 134, 155
憲平親王(冷泉天皇)　35, 40, 41, 43

は　行

秦氏元　139, 143, 144
八条院　185, 187, 188
美福門院　178, 185
広平親王　35, 40
福田豊彦　18
藤原穏子　40, 43
藤原顕季　110
藤原顕隆　162
藤原顕房　5
藤原顕光　80
藤原顕光　139
藤原有国　109, 118, 136
藤原安子　35, 40, 41, 43, 44, 46, 62
藤原家忠　162
藤原威子　118
藤原懐子　46
藤原兼家　44, 62-65, 92-94, 105, 109, 111, 114, 116, 117, 120, 160
藤原兼実　186
藤原兼隆　108
藤原兼信　106
藤原兼通　62
藤原忯子　62
藤原公実　173
藤原公任　93, 94, 123
藤原公信　103

藤原国幹　15
藤原賢子　166
藤原妍子　115
藤原子高　2, 15, 21
藤原伊周　28, 80, 82, 95-97, 99, 108, 118, 127, 140
藤原維幾　14
藤原維成　63
藤原惟憲　110
藤原伊尹　46, 62, 122
藤原定頼　103
藤原実方　123
藤原実資　45, 66, 76, 115, 123, 138
藤原実頼　38, 40, 45, 62, 90
藤原彰子　91, 99, 100, 112, 118, 136, 161, 162
藤原菅根　35
藤原資清　156
藤原資業　109, 110, 114
藤原純友　2, 15, 17-19, 21, 23, 27
藤原娍子　108, 115, 117
藤原詮子（東三条院）　63, 95, 96, 99, 114, 118
藤原千常　54
藤原隆家　28, 80, 95-97, 99, 115, 140
藤原忠清　72
藤原忠実　147, 167, 173-176, 178, 181
藤原斎信　106
藤原忠舒　15, 17
藤原忠平　11, 13, 16, 40, 43, 135
藤原忠文　15, 19
藤原忠通　173, 177, 178, 180, 182, 183
藤原為任　108
藤原為房　162
藤原為光　62
藤原親賢　175
藤原親孝　153
藤原千晴　26, 38, 39, 47-56, 80, 83
藤原超子　63, 92, 114
藤原恒利　18, 19
藤原定子　95, 99
藤原説孝　109, 110
藤原俊賢　123
藤原利仁　153
藤原俊房　5
藤原知章　108, 122, 160
藤原朝経　106
藤原倫寧　120, 121, 123
藤原中正　104
藤原長能　123
藤原済家　108, 109
藤原成親　184
藤原済時　108
藤原斉信　123
藤原懐平　115
藤原陳忠　35
藤原信長　166
藤原陳政　104, 109
藤原延光　30, 32
藤原教通　120, 135, 165, 166
藤原久頼　38, 49, 83
藤原秀郷　2, 3, 6, 10, 16, 25, 27, 38, 39, 49, 50, 52, 60
藤原広業　105, 109, 110, 114
藤原文脩　54
藤原文元　21
藤原文行　54
藤原芳子　46
藤原理兼　93
藤原道兼　62, 64, 95, 98, 99, 111, 112, 149
藤原道隆　95, 98, 99, 102, 108, 111, 112, 118, 123, 149
藤原道綱　112, 113, 120, 121, 123, 124, 136
藤原通任　115

藤原道長　5, 28, 35, 36, 44, 54, 78, 80, 83, 84, 89-92, 95, 96, 99, 100, 102, 104, 105, 107-112, 115-118, 120, 122, 123, 131, 135-141, 143-145, 149, 160-162, 167
藤原道雅　118
藤原致公　84
藤原宗忠　103, 104, 171
藤原致忠　34-36, 40, 140, 149
藤原元方　34, 35, 40, 41
藤原基実　178, 182-184
藤原元尹　118
藤原基経　9, 10
藤原元名　122
藤原基房　186
藤原基通　146, 155
藤原盛実　165
藤原師実　162, 166-169, 171
藤原師輔　35, 40, 41, 43-45, 48, 62, 66, 90
藤原師高　183
藤原師尹　10, 30, 38, 39, 45, 46, 93, 123
藤原諸任　123
藤原師通　146, 165, 169, 173
藤原康清　54
藤原保輔　36
藤原泰憲　137
藤原保昌　35, 36, 110, 128, 143, 144, 149
藤原泰通　110
藤原行成　109, 122, 123
藤原義家　155
藤原善時　37, 52, 53
藤原義房　44
藤原良房　64
藤原頼忠　45, 63, 64, 92-94
藤原頼長　147, 165, 175-181
藤原頼通　5, 91, 110, 120, 122, 145, 164-166, 168
藤原玄明　14
藤原文元　15
藤原実資　89, 90
藤原慶幸　18, 19
武帝　5
北条時政　60
北条義時　193
星野恒　9
堀河天皇　5, 169, 171, 172, 185

ま　行

源明国　171-175
源敦　53, 133
源宛　53
源泉　34
源兼資　108
源兼綱　188
源国挙　102
源国房　83, 102, 164
源維将　140
源定　32
源実国　163, 170
源重実　83
源重遠　83
源重時　83, 174
源重成　83
源重宗　83
源蕃基　31
源師房　5
源周子　34, 39
源俊　15, 32-34, 39, 48, 92
源資通　112, 121
源高明　5, 29, 34, 37, 39, 40-42, 44, 46-52, 108, 117
源隆国　108, 109
源孝道　31

源為朝　181
源為憲　161
源為義　54, 174, 178, 180
源親治　146, 179
源仕　6
源経基　3, 8-25, 28-35, 52, 53, 56, 152
源経頼　136
源連　38, 48
源融　6, 79
源時中　121
源俊明　165
源俊雅　165
源唱　32
源仲家　188
源仲綱　185
源仲正　171, 172, 181, 185, 186
源仲宗　169
源済政　121
源範頼　191
源政長　104, 121
源護　7
源道方　109
源光国　164, 175
源満季　38, 39, 49, 55, 82, 83, 129
源光信　164
源光信　54
源満正　53, 80, 82, 83, 127, 140
源光保　164
源充　133
源明子　108
源元亮　31
源基綱　193
源行国　175-177
源行綱(多田行綱)　159, 178, 181-184, 189-193, 199
源能有　4, 9
源義家　27, 71, 83, 156, 188, 195, 198
源義兼　195
源義国　195
源義親　102
源義親　185
源義綱　71, 146, 155, 156
源義経　191, 192
源能俊　165
源義朝　83, 179-181, 185
源義康　179, 180, 195
源頼家　118, 119, 160
源頼風　147
源頼清　164
源頼国　77, 78, 102, 107, 113, 118, 136, 137, 140, 160, 161, 163, 164, 167, 168
源頼実　163
源頼資　163
源頼親　28, 34, 35, 57, 59, 74, 77, 78, 80, 81, 92, 97, 107, 127, 131, 138, 139, 141-145, 149
源頼綱　78, 163-172, 174, 183, 186
源頼俊　145, 146, 154
源頼朝　9, 60, 74, 189, 191-193, 195
源頼信　9, 34, 35, 57, 59, 64, 74, 80, 92, 98, 99, 102, 127, 128, 131, 135, 138, 140, 147-153, 156, 164, 198
源頼信　16
源頼憲　177-181
源頼範　78, 163
源頼治　146, 147
源頼平　34
源頼弘　163
源頼房　142, 145
源頼政　132, 159, 181, 182, 184-188
源頼盛　177-183
源頼義　146, 153-155, 164, 183, 198
源倫子　112, 121
宮道弘氏　55
三善文公　21

武蔵武芝　11, 12
村上天皇　4, 32, 40, 41, 43, 44, 46, 51, 69,
明雲　183
以仁王　182, 185, 187-189
元平親王　9, 16, 17
守平親王（円融天皇）　38, 41, 43, 51
師貞親王（花山天皇）　46
文徳天皇　4, 6

や　行

懐仁親王（一条天皇）　62-64
山田是行　72
陽成院　10, 17, 18
陽成天皇　4, 6, 9, 10, 15, 16
横澤大典　150
慶滋保章　101, 119

ら・わ行

頼尋　68
良源　57, 67
冷泉天皇　38, 41, 44, 45, 46, 51, 62, 63, 114
連茂（蓮茂）　38, 47, 48
六条天皇　185
渡辺綱（源綱）　53, 128, 129, 132, 133, 159

事項索引

あ 行

茜部荘　77
悪僧　147, 156, 180, 187
足利氏　188, 195
足利将軍家　198
『吾妻鏡』　191
安倍氏　146, 154
安和の変　29, 34, 37, 39-42, 44, 47, 49, 50, 53-56, 61-63, 77, 80, 83, 96, 117, 123, 199
イエ　5, 43, 95
——支配　75, 76, 176
生島荘　163
伊勢平氏　54, 60, 72, 96, 127, 133
一条戻橋　129, 133
一ノ谷合戦　191
移牒　74
夷狄　145, 146, 153-156
『今鏡』　164
石清水八幡宮　109, 150
院近臣　162, 178, 183-185
院政　169, 175, 187
鶉郷　77
宇多源氏　109, 121
宇野氏　141
『栄花物語』　28, 81, 96, 97, 141
蝦夷　2
蝦夷討伐　145
円教寺　64
『延慶本平家物語』　47, 190
遠藤一族　132
延暦寺　34, 66, 67, 146, 169, 170, 182-184, 186
奥州藤原氏　1
応仁・文明の大乱　198
押領使　2, 16, 21
大内守護　132, 186
大江山　129
『大鏡』　9, 63, 93, 98
大蔵氏　80
小笠原系図　67
小野氏　1, 7, 73
小野宮流　40, 45, 90
園城寺　187, 188

か 行

怪異　66, 128
外戚　40, 41, 43, 45, 46, 51, 63, 95, 116, 117
外戚関係　92, 99, 166, 173
海賊　15, 17, 22, 23
外祖父　44, 46, 63, 64, 91, 105, 112, 118
外孫　62, 91, 113, 116
『蜻蛉日記』　120
花山院家　162
家産機構　79, 135, 146, 167, 169, 188
家人　172, 180
家人型主従関係　72
家政機関　113, 114, 166, 167, 172, 176, 182
鹿田荘　93
鎌倉　153
家礼型主従関係　72
河内源氏　9, 54, 60, 83, 92, 138,

145-147, 154-156, 161, 164
閑院流　173
元慶寺　62
『官職秘抄』　106
観応の擾乱　195
関白家　171
桓武平氏　2, 6, 9, 25, 52, 59, 60, 73, 146, 153
『北山抄』　93
『魏書』　5
弓射　69
『九暦』　40
京武者　83, 170, 186, 188
『玉葉』　186, 189-191
清原氏　1, 7, 145, 152, 154, 155
金峯山　112, 122, 141, 142
『金葉和歌集』　124, 165
『愚管抄』　41, 45, 48, 54, 171, 177
九条家　164
『九条右丞相遺誡』　40
九条流　40, 45, 90
軍事貴族　1, 7, 25, 28, 30, 50, 52-54, 58-60, 72-74, 77, 78, 80-83, 96, 97, 125, 131, 135, 137, 142, 143, 146, 153-156, 164, 170, 199
警固使　21
警護使　18
家司　35, 36, 96, 110, 113, 114, 116, 122, 137, 144, 160-162, 164, 166, 167, 171, 180, 183
家司受領　110
『系図纂要』　8, 55, 85
ケガレ　66, 132
撃手使　21
家人　149
検非違使　30, 33, 37, 38, 49, 54, 74, 75, 80, 84, 113, 143, 147, 150, 162, 169, 172, 173, 176, 179
——別当　50
家来型郎等　135
『源威集』　128
『源賢法眼集』　67
源氏　1, 3, 4, 33, 63, 64, 127
献身型　72
『源平盛衰記』　47, 129
源平争乱　60, 74, 181, 184, 189
強訴　54, 131, 146, 156, 169, 170, 183, 186
功田　49
興福寺　140, 142, 145, 147, 170, 176, 178, 180, 188
高麗　22
『古今著聞集』　111, 128, 132, 133
国衙　2, 152
国司郎従　155
極楽寺　194
固関　38
固関使　51
後三年合戦　71, 155
『古事談』　31, 63, 98, 122, 149, 156
『後拾遺和歌集』　119, 124, 165
『後二条師通記』　71, 155, 173
近衛家所領目録　168
『権記』　101, 122
『今昔物語集』　9, 29, 36, 48, 65-67, 70, 71, 73, 74, 76, 85, 123, 130-135, 147, 151-153

さ　行

『西宮記』　40
在庁官人　2, 60, 146, 152
佐伯氏　1
寒河江荘　175
嵯峨源氏　3-6, 10, 43, 53, 92
坂上氏　1, 7, 73
『左経記』　106, 136

佐藤氏　54
侍所　171, 172, 178, 182
『詞花集』　165
職事　172
私刑　71, 74, 76, 173
鹿ケ谷事件　182-184, 186, 189, 199
治承三年政変　187
『十訓抄』　122
『執政所抄』　168
私的制裁　→私刑
四天王　128, 129
侍品　176
『拾遺和歌集』　24, 86
重代相伝　73
主従関係　72, 73, 76, 152, 156, 167, 172, 176
酒呑童子伝説　129, 132
狩猟　68, 69, 76, 130, 131
荘園領主権門　76
荘官　60
承久の乱　83, 128, 193
昇殿　19, 101, 105, 161, 177, 185
承平・天慶の乱　1-3, 20, 23, 25, 28, 30, 40, 52, 53, 73
『将門記』　11-13
『小右記』　45, 61, 65, 68, 78, 82-84, 89, 90, 93, 95-97, 102, 106, 109, 112, 120, 123, 138, 140, 150, 161
『続古今集』　165
諸大夫　176
『初任大臣大饗雑例』　167
所領　61, 69-74, 76-78, 107, 131, 137-139, 141, 142, 153, 170, 172
新羅　22
自力救済　56, 71, 144, 148
『水左記』　166
『純友追討記』　19
受領　7, 35, 36, 55, 60, 77, 81, 90-94, 100, 102, 104-108, 110, 113, 120, 122-124, 134-139, 141, 149-153, 161, 163, 164, 168, 173, 176, 185
受領郎等　135
『清獬眼抄』　79
征西大将軍　19
征東大将軍　15, 16, 19
清和源氏　8-10
摂関家　71, 75, 76, 79, 90, 110, 121, 135, 141, 146, 162, 165-170, 172-180, 182
——領　76, 79, 155
摂関政治　25, 29, 37, 41, 43, 44, 64, 77, 81, 85, 91, 111, 136, 137, 142, 144, 160, 169
殺生　65-69, 76, 77
摂津源氏　6, 74, 83, 102, 132, 140, 142, 146, 147, 157, 159, 160, 163-165, 168, 170, 181, 184, 185
前九年合戦　71, 146, 152, 154, 155
『雑筆要集』　74, 76
『続古事談』　79
『続本朝往生伝』　127
『尊卑分脈』　8, 11, 23, 29, 32, 34, 53, 67, 68, 78, 79, 82, 84, 118, 133, 147, 160, 163, 168, 171, 177, 183, 184

た　行

『台記』　176
醍醐源氏　4
大夫尉　84, 161
『太平記』　129
平将門の乱　11
鷹飼　32, 69
高藤流　109
滝口の武士　146
大宰府　18, 19, 23, 24, 97, 99

他氏排斥　37, 42, 44
多田　29, 32, 56-59, 61, 66, 68, 69, 71, 73-75, 77, 78, 81, 84, 131, 140, 167-170, 177, 195
多田院　29, 56, 58, 60, 64, 65, 77, 85, 194-196
——鳴動　86, 196-198
——文書　58
『多田系図』　163
多田源氏　74, 76, 79, 159, 164, 169-172, 175, 176, 178, 181-185, 192
多田神社文書　195
多田館　74
多田荘　79, 140, 159, 163, 164, 168, 176, 177, 179, 181, 184, 190-193
橘御園　75, 76
田仲荘　54
『為房卿記』　169
『親信卿記』　55
『中外抄』　164
『中右記』　102-104, 146, 176, 183, 185
長徳の変　94, 100, 112, 117
『朝野群載』　175
『勅撰作者部類』　23, 61
鎮守府将軍　50, 54, 146
追討凶賊使　20, 21
追討使　7, 30, 150, 151, 153
追捕凶賊使　17
追捕山陽・南海両道凶賊使　17
追捕使　13, 18, 19
土御門邸　89, 90, 92, 93, 105, 106, 111, 118
『帝王編年記』　46, 57, 65
『貞信公記抄』　11, 13, 22, 49
豊嶋郡　140
天慶の大乱　37
殿上人　101, 113, 177
天台座主　57, 65, 66, 183
『殿暦』　173, 175
刀伊　97
東国推門使　14, 32, 33
土岐氏　159
土着　7, 60
鞆田荘　73

な　行

内昇殿　55, 163
日給簡　172
『二中歴』　27, 84, 127, 161
『日本紀略』　37, 55, 80, 82, 96, 140
仁明源氏　53
任用国司　155
『年中行事』　40

は　行

波多野荘　155
八条院領　188
東三条殿　130, 179, 180
秀郷流　39, 53-55, 73, 146
——佐藤氏　133
——藤原氏　1, 25, 155
日野家　109
『百錬抄』　95, 96, 155, 163
『兵範記』　178, 180, 182
日吉社　146
武家棟梁　60, 155, 170, 185
富豪層　6
富豪浪人　23
武士団　59, 72, 76, 131, 133, 188
藤原北家　29, 37, 39-45, 48, 49, 51, 52, 56, 85, 149
『扶桑略記』　29, 31, 146
武門源氏　8, 10, 25, 28, 31, 36, 53, 56, 63, 74, 77, 80, 81, 82, 85, 93, 97-99, 111, 117, 127, 136, 147, 161, 191,

193, 194
『平安遺文』　150
兵家貴族　82, 137, 170
『平家物語』　47, 72, 184, 187, 199
平氏　1, 74, 191
　——政権　187
平治の乱　182, 184, 185
兵の道　12, 13, 18, 19
辺境軍事貴族　7, 74
保元の乱　72, 147, 176-179, 182, 185, 195
『保元物語』　128, 179-181
北条氏　194, 195
北面　54, 83, 164, 174, 184
『本朝世紀』　20, 51, 80, 82, 140, 178, 179
『本朝文粋』　100

ま　行

政所　113, 114, 161, 167, 172
ミウチ政治　5, 7, 25, 43-46, 63, 117
三浦氏　134, 135, 147, 155
三崎荘　135
『御堂関白記』　67, 78, 82-84, 91, 102, 105, 112, 114, 115, 129, 142, 143, 149
美濃源氏　54, 77, 83
武者　27, 30, 31, 63, 64, 80, 82, 127
『陸奥話記』　154, 155
村上源氏　5
室町幕府　85
鳴動　→多田院鳴動
名簿　171
以仁王令旨　187
文徳源氏　10, 108

や　行

屋代本『平家物語』　129
山田氏　83
大和源氏　77, 92, 138, 139, 146, 154, 179
陽成源氏　9, 10

ら・わ行

留住　7, 60
留任　139
隷属　71, 72
『歴代皇記』　146
郎等　58, 59, 67, 69-73, 77, 132-135, 147, 152, 155, 156, 168, 170, 173, 174, 180, 181
六孫王　8
六孫王神社　24
六波羅　60
渡辺(摂津渡辺)　159
渡辺党　6, 132, 133, 134, 184, 188, 199